我家有烈士

刘霞 | 编著

中国出版集团有限公司
China Publishing Group Co., Ltd.
现代出版社

图书在版编目（CIP）数据

我家有烈士 / 刘霞编著. -- 北京 : 现代出版社,
2025. 9. -- ISBN 978-7-5231-1630-2

Ⅰ. I25

中国国家版本馆CIP数据核字第2025JS8744号

我家有烈士

WOJIA YOU LIESHI

著　　者：刘　霞 编著

选题策划：张　霆
责任编辑：袁子茵
责任印制：贾子珍
出版发行：现代出版社
地　　址：北京市安定门外安华里504号
邮政编码：100011
电　　话：(010) 64267325
传　　真：(010) 64245264
网　　址：www.1980xd.com
印　　刷：三河市宏盛印务有限公司
开　　本：710mm×1000mm　1/16
印　　张：19
字　　数：234千字
版　　次：2025年9月第1版　2025年9月第1次印刷
书　　号：ISBN 978-7-5231-1630-2
定　　价：68.00元

目录

伯父的钢笔

我伯父叫徐时云，是常山县第一个牺牲的革命烈士。

每年县里组织爱国主义教育的相关讲座，都会讲到他的英勇事迹，但奇怪的是，从来没人说他牺牲的过程。伯父牺牲时是我父亲去收的尸，我曾无数次问过父亲这个问题，他都是缄口不语。

1989年，因县城扩建，伯父的坟地在规划之内，这次是我去给伯父迁坟的。我小心翼翼地刨开泥土，棺材早已腐烂，只有一些苍白的骨殖。

我将骨殖轻轻捡拾出来，放在提前铺好的红布上。伯父四肢、躯干的骨殖都比较完整，但颅骨却不见了，除了几颗牙齿，只有一些碎骨。

我终于知道父亲一直不肯讲伯父牺牲时的原因了，因为子弹打中的部位是脑袋，伯父的头骨都被打碎了。

父亲曾和我说，他去给伯父收尸时，曾专门绕道去买了一顶黑色的礼帽，我原以为是父亲给伯父买个他喜欢的时髦物，原来是为了盖住伯父破碎的脑袋。

想到这里，我的眼泪忍不住掉下来。

一、黑色礼帽

在浙江衢州的常山县，那时我们徐家是大姓，我祖父辈分高，负责看管县城徐氏家族的大祠堂——里择祠，还帮忙打理部分徐姓家族的田产、房产，算得上德高望重。

我们这儿有句老话："老大忠，老二憨，家家都有个精老三"。我父亲三兄弟正是如此。正当祖父努力培养伯父成为家族接班人时，上海爆发了"五卅惨案"，工人和学生抗议日本纱厂镇压工人，英租界的印度巡捕开枪射杀了多人。

上海工人群众的游行示威，迅速得到全国各大城市的积极响应。伯父不仅参加县里的罢工、罢课声援上海，还跑到上海参加游行示威。

十里洋场烟花地，风云际会上海滩。在上海三个多月，伯父学了一身上海滩的新派头，比如喜欢戴礼帽。

伯父从上海回到常山那天，头戴黑色礼帽，身穿笔挺中山装，大多街坊一下认不出他了，只有隔壁算命的老先生一眼认了出来，这不就是徐家大公子吗？

得到消息的祖父已经在祠堂等候。只要是徐家的后人，从外地回来必须先祭拜祖宗，这是规矩。看到长子恭恭敬敬磕头拜徐家先人，祖父虽然脸上一直绷着，但悬了三个月的心终于放了下来。

吃过晚饭，祖父将伯父单独留下，要他重新谋个差事，准备结婚成亲，这是徐家长子应该承担的责任。但伯父的心已不在此，他有更大的理想抱负。

那时的中国，旧的权威刚被打破，新的权威尚未建立，军阀混战，民不聊生，实际上陷入一种极其混乱的无序状态。

很快，北伐军东路军所属的第22师进抵常山，小小的县城一下子拥进了万余人，热闹非凡。为了吸收更多年轻人参军，北伐军宣传大队每天都在县城广场上轮番演讲。头戴新式礼帽，满脑子新思想的伯父决定去参加北伐军。

祖父不舍得儿子去革命，但又无法阻拦，天天把自己关在房间里生闷气，不肯和伯父见面。伯父出征时，两个弟弟一路送他到东城门。

这和去上海游行不一样，伯父知道战场上子弹不长眼睛，他交代老实憨厚的二弟，要照顾好家人。我的三叔徐国政，此时才6岁，对大哥满眼都是崇拜。

在北伐军中，伯父很得领导器重。光复杭州时，他担任了第22师少尉宣传科员。而就在北伐军收复上海时，他收到了一封家书，说祖父身患重疾，已处弥留之际，要他尽快回去见最后一面。

等伯父火烧火燎地赶回家，推开门一看，祖父却好端端的。心里的担忧虽然放下了，却忍不住生出一丝抱怨：父亲大人怎么可以这样？这不是耽误大事吗？

祖父拍着桌子厉声呵斥，说大伯作为家里的长子，最要紧的是孝亲敬长。伯父哪还听得进祖父的教训，他满脑子想的都是推翻反动军阀。大伯耐着性子在家待了半个月后，一天早上，趁家人还在熟睡，偷偷跑回部队了。

可伯父万万没有想到，只是半个月时间，北伐军中已经是风云变

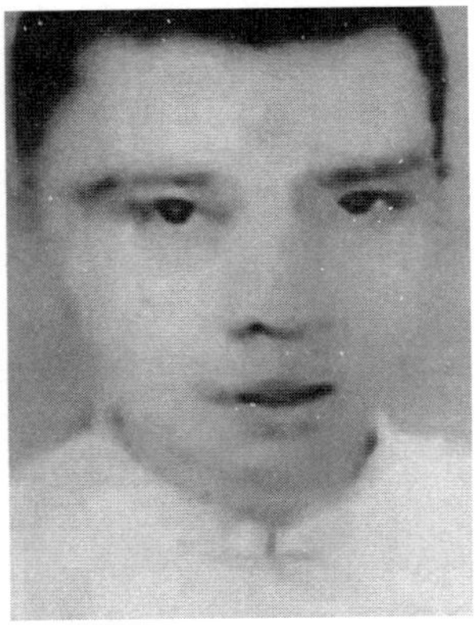

徐时云烈士留下的唯一照片

幻，以蒋介石为首的国民党新右派，在上海发动了针对国民党左派和共产党的武装政变，复杂的党派斗争浇灭了伯父的一腔热血，赏识他的领导也劝他回家。

伯父离开部队，心灰意冷地回到了常山。祖父倒是很高兴，希望他赶紧找个工作成家立业。伯父心不甘情不愿成了第二国民学校的一名小学教师。但伯父不想只当个孩子王，在学校一年后加入国民党，去了县政府工作。几年后，伯父被推选为县党部候补执行委员，是县里数得上名号的人。此时的伯父看到的不是荣华富贵，而是国民党内部尔虞我诈的派系斗争，不仅有中央派、元老派、第三党等，就连中央派自己又分成CC系、黄埔系、政学系……

正当他苦闷时，有人邀请他去做件大事，而这事可能会掉脑袋。

二、燕山神秘人

那是1932年7月，伯父在街上独行时，意外遇到了北伐军中的战友。战友说等有机会带他去认识一个人，介绍说这个人有点意思，想在常山做点事情。

伯父喜欢交朋友，一口答应下来，说晚上就约来见见。战友却摆摆手，说不着急不着急，等要见的时候再通知他。看战友神秘的样子，这人难道是地下党（中共地下党组织）工作人员？

有关地下党的传闻早就在县城里流传开了，但要说清楚他们到底是些什么人，要干些什么，大家又不知所以然，只觉得是很神秘的一群人。

几天后的一个傍晚，在战友的带领下，伯父见到了这个神秘人。他叫姜仁光，是赣东北苏区党组织领导方志敏的部下，这次受组织的派遣，秘密潜往常山开展革命活动，准备组建一支革命武装，开辟新的游击区。

姜仁光到达常山后，伪装成蓑衣匠走乡串户四处考察，最后落脚在龙潭村的燕山，因为这里是三个县的交界处，可以覆盖浙江、福建、安徽等地。

姜仁光开展农民工作很有经验，他很快在龙潭村站稳了脚。在村民的帮助下，燕山半山腰多了两间茅棚。这两间茅棚后来有个响亮的名字——闽浙赣三省边区游击司令部。

游击队组织建立后，姜仁光等人一面发动群众扩充力量，一面利用多方关系，对常山县的国民党武装进行策反工作。“打土豪、分田地”“穷人也能过上好日子”，姜仁光在群众中宣传方志敏领导下的革命情形。

闽浙赣三省边区游击司令部旧址

短短两个月，就有五六百人愿意参加暴动，建立革命武装。这中间有贫苦农民，有小学教员，也有对当局不满的军政人员。

为稳妥起见，姜仁光非常希望有人能够打入保安团或者警察局，除了可以随时刺探情报以外，还可以争取更多的军政人员作为暴动的内应，这很可能是暴动成功的关键人物。

他们选了又选，最后选中了我的伯父。我们家在县里有些人脉，伯父在国民党中也有些地位，他确实是打进警察局最好的人选。

而伯父同意参加暴动，除了对国民党不满，更是因为他短暂的北伐经历。那是国共两党合作的蜜月期，军中很多领导具有两党的双重身份。他们有独特的人格魅力，在两党内部都非常积极活跃，还说得上话。伯父也想成为那样伟大的人。

从燕山回来后，伯父给在衢州的堂哥打电话，让堂哥帮他引荐到县警察局任职。堂哥只是一个电话，就将他安排进警察局当了个科长。

事情出奇的顺利，顺利到容易让人忘记危险。

自从进了警察局，伯父就没有闲过。他除了刺探情报，还秘密交友谈心，成功说服一批警士答应在暴动时做内应。万事俱备，只欠东风。

神秘的蓑衣匠，奇怪的礼帽男，很快引起了龙潭村村民的注意。一天中午，当地乡长在半路拦住了姜仁光问话，让他说出具体给哪家做了蓑衣。

姜仁光不会做蓑衣，也没有给人做过，他进村入户，都是在做暴动的发动工作，挑选合适的人跟着他闹革命。乡长就是农民暴动目标之一。

姜仁光随手指了指看热闹的两个村民，说给他们就做过。姜仁光赌对了，那两个村民果然没有出卖他。

很快，传来红军攻打常山球川镇并大获全胜的消息。姜仁光激动不已，紧急召开暴动骨干大会。这样的会议连续进行了两夜，最终确定暴动时间定在 1932 年的 10 月 15 日凌晨。

一旦暴动成功，几股武装力量即在县城会合进行整编，然后队伍进入靠近江西的山区，开辟游击根据地，实现与赣东北苏区连成一片的目标。

这一天，伯父刚上班，就接到上司急电，要警察局配合军警部队，围剿燕山共产党。

原来就在姜仁光他们开会确定暴动时间时，躲在茅棚外的乡长亲信已经听了个大概。获知消息的乡长连夜进城告密。燕山暴动计划泄密。

伯父心急如焚，找了借口从警察局溜了出来，紧急赶往燕山报信。

情况有变，大家烧掉写好的布告、标语，紧急转移。姜仁光让伯父跟着他一起走，伯父拒绝了。

伯父是家中长子，他走了，一家老小怎么办？

就在几个月前，伯父才把叔叔送到杭州，准备好好培养。伯父结婚后一直没有孩子，伯母曾经提议领养一个，伯父没有同意，一是忙着革命，二来三弟和自己的孩子也差不多。

伯父对叔叔的感情亦兄亦父，一直很疼爱三弟。他北伐归来后，就发现家中的三弟更加淘气顽皮了，还刚闯下大祸。

有一天，叔叔跟几个放牛娃在河滩比赛谁骑牛厉害，有个男孩可以在牛背上倒立。叔叔没这本事，很是不服气，于是走到牛背后，用竹鞭狠戳牛屁股，牛一下狂跳起来。男孩被甩飞出去很远，正好落在裸露的岩石上，摔断了肋骨。

伯父知道这事后，特别跟祖父说，老三学好了是条龙，走偏了就是条虫，得好好管教才行，不能让他走偏了。

伯父在第二国民学校做教师时，第一时间把叔叔收在自己班里，严加管教。后来他离开学校后，又一再提议把叔叔送到省城杭州上学。但因为叔叔年纪太小，祖父迟迟没有同意。直到他认识姜仁光的前几个月，祖父才同意他送叔叔到杭州去上学。

当然，伯父拒绝跟随姜仁光转移，除了担心家人，伯父还心存侥幸，自己是国民党党员，又是警察局科长，堂哥还是市里的少校参议，没人会怀疑到自己头上的。

只是这一次，伯父高估了自己。

三、伯父的绝笔信

国民党当局“围剿”燕山的四路人马扑了空，一定是有内鬼泄露消息，伯父被锁定了。要排查伯父太容易了，常山县常戴礼帽的人就他一个。

伯父是在办公室里被带走的。被捕时，他收好正在抄写的警察局文件，将钢笔的笔套套好，插进自己胸前的衣兜，戴好礼帽后离开了警察局。

燕山安静了下来，龙潭村也安静了下来。但审讯室里，气氛森严，伯父全部承认了：我是共产党，我参加了燕山暴动。

问还有哪些人参加，现在又都隐藏在哪里时，伯父跟没有长嘴巴一样。问一句，不说，保卫团就拔他一个手指甲；又问一句，还是不说，再拔一个手指甲。十个手指甲拔完，就打得他全身皮开肉绽，怕他逃跑，就用铁丝穿过他的锁骨拴在柱子上。

伯父一被捕，一家老小除了哭再无其他办法。祖父虽然德高望重，但毕竟没什么实权，好不容易凑了几十块大洋去求人，却连大门都进不去。

这是掉脑袋的事，谁也不敢出面。

审讯了 13 天，一点进展也没有，保安团精疲力竭也不胜其烦，刚好衢州边防司令部电告要将伯父押去“以明军纪”。

那天是 10 月 27 日。在汽车站门口设摊给人看相的算命先生，简直不敢相信自己的眼睛，停下加水的汽车里面目全非的囚徒不正是徐家大公子吗？他看出了伯父祈求的眼神，装作看热闹的样子走到汽车前。

伯父用尽最后的力气，递过来一封血迹斑斑的绝笔信，请先生送给祖父。

“父母双亲大人，儿今已命归阴矣，无冤可申，仰双亲大人保重身体，嘱妻早日改嫁，莫耽误前程……”

加满水的汽车，载着伯父绝尘而去。

第二天，伯父被枪毙。

第三天，县政府派人通知我们家，去衢州收尸。我老实巴交的父亲叫了三个朋友，在衢州的南门，见到了伯父冰冷的遗体。

父亲提前给伯父买来了一口薄棺材，毕竟要抬着棺材走 40 来公里的路，棺材厚了抬不动。见到伯父后，父亲又特别绕到一家百货店，买下了一顶黑色的礼帽。

父亲讲起这段往事时，我一直以为，是因为伯父生前喜欢礼帽，父亲才去买。时隔 57 年后，我才知道是为了盖住那破碎的头骨。

伯父生前的事，都是父亲讲给我听的。

当时，父亲和朋友抬着伯父的棺材到常山，太阳已经偏西。按老规矩，凶死的人不能进屋，父亲将伯父抬到三里滩，是伯父曾经和战友见面的地方。

那里有一块徐家的菜地，父亲一边挖墓穴，一边叫朋友去通知伯母。伯母来到菜地时，棺材已经入穴，等她来撒第一把土。

很快，三里滩就出现了一个小土包。伯母点燃香纸祭拜后，趴在小土包上默默掉泪。在那小土包前，当时连块墓碑都不敢立。

就在伯父入土的那一刻，祖父也走到了我们家门口，在路边默默点燃起香烛，烧了一大堆金元宝，喃喃自语说，时云，这里才是你的家，你要记得回家。

伯父走后，伯母没有改嫁的意思，很快就抱养了一个男孩。他成了我的堂哥。堂哥看上去有点像伯父，看得出伯母是有意寻找的。每年的清明、中元、冬至节，伯母就带堂哥去给伯父上坟。伯母按着他的脖子磕头，说："这是你的爸爸。"

伯母希望用这种方式不让伯父断后，逢年过节，也有个人给他烧炷香，敬杯酒。不料堂哥 7 岁那年得了荨麻疹死掉了。半年后，伯母改嫁了，跟我们家彻底没有了联系。

四、遥望三里滩

伯父当时的死讯，家人没告知在杭州读书的叔叔，毕竟他还是个孩子。

那年冬天特别寒冷，常山连下了几场大雪。叔叔放寒假回到家里，已经是腊月里了，照往常，家里的屋梁下，应该挂满粽子、花生、鱼干、腊肉、油豆腐等年货的了。但这年，徐家屋梁上空空荡荡，冷冷清清，毫无过年的气息。在祖母悄悄的哭泣声中，叔叔才知道大哥几个月前已经牺牲了。

叔叔哇哇大哭。祖父赶紧把大门关上，厉声阻止："哭什么哭！"

第二日，在叔叔的强烈要求下，父亲悄悄带着叔叔去了三里滩。菜地还被积雪覆盖着，伯父的小坟包一点不显眼。哥俩找了很久才找到具体位置。兄弟俩在大哥的坟前呆站了许久，一句话也说不出来。

叔叔想起伯父送他到了杭州后，带他游西湖，还去餐馆吃饭。上了两碗杭州特色小吃片儿川，面上堆着一层由雪菜、笋片、瘦肉炒制的浇头，还撒了几片绿油油的葱段。伯父一直催叔叔赶紧趁热吃，叔叔埋头狼吞虎咽时，两滴眼泪也滴进碗里，12 岁的他知道，在常山可以顽皮，是因为有大哥护着，在杭州可就是寄人篱下了，再也不敢撒野了。这顿饭，竟是两兄弟的最后一餐。

大年过完，祖父就把叔叔送回杭州。他担心小儿子受到牵连，最好还是远离这是非之地。

叔叔毕业后，留在杭州工作。时局还很乱，老百姓过不上一天安稳日子。

很快，日本人来了，上海、杭州相继沦陷，祖父担心叔叔的安危，写信让他回到常山老家。祖父最希望叔叔能去学校当老师，有一份正当职业，能养家糊口就行。

但叔叔也和伯父一样，不愿意当个孩子王。叔叔从小一表人才，聪慧过人，读书之余，还跟一个寺庙的和尚学过两年功夫。得知县里的保卫团要招一批人手，叔叔不顾祖父的反对，偷着去报了名，顺利被录取了。

那几年，保安团自以为手里有枪，走起路来都横着，经常干一些欺行霸市的事情，名声很坏。因为伯父的事，祖父最反对叔叔去政府当差。但叔叔说，自己才不会跟大哥那么傻呢。

祖父气得全身发抖，用手指着门外："这个家你少进。"

叔叔也真搬出去住了，只是逢年过节，才给家里捎点钱和东西。叔叔文武双全，深得县长喜欢，成为县长的贴身警卫，一时风光无限。

有知情的人提醒县长，说叔叔的哥哥当年是共产党。县长摆摆手，说，"都过去快 10 年了，再说，哥哥是哥哥，弟弟是弟弟，两码事，不搭界。"

当上了县长的贴身警卫后，叔叔就再也没有去给伯父上过坟了。他

徐家祠堂现状

希望县长知道，他与共产党的大哥是撇清关系的。

但每个重要日子，叔叔都会偷偷找到我父亲，塞给他一笔钱，让父亲给伯父多烧一些香纸。有一年清明节，叔叔对我父亲说，他梦到伯父找他，说住的房子漏水了。叔叔交代父亲去给伯父的坟培些土，并说："你去扎一座纸房子烧给大哥，烧的时候说是我送的。"

那么多年，叔叔更多是无颜去见自己的大哥吧。当上警察后，他围剿过地下党，也狐假虎威欺压过老百姓。没有了伯父的引导，叔叔终归是没能成为伯父那样的人。

1949 年 5 月 4 日，常山解放，叔叔知道自己罪孽深重，把身上的黄皮一脱，隐姓埋名逃到了衢州，在一家小店里当伙计，过着胆战心惊的日子。

而伯父"扬眉吐气"的日子终于到来了。作为常山历史上第一个为了革命事业牺牲的志士。1950 年 10 月，县里在伯父的坟包前立了一块青石质地的墓碑，石碑上面写着"革命志士徐时云"七个字。

给伯父立碑的那天，爸爸带着我一起去祭拜。那时候我才 5 周岁，还不识字，墓碑上的字是我后来认识的。只见祖父站在远远的地方朝这边张望，我朝他招招手："爷爷，你也过来呀。"

祖父好像没有听见一样，转身默默离开了。按当地的风俗，长辈是不能给小辈上坟的。其实，伯父惨死的心结，祖父至今还没有解开。

很快，农村开始划分阶级成分了，有人说祖父有很多田地，够得上地主成分。其实这些田地，都是徐姓族人的共有财产，祖父只不过是帮忙打理、负责做账而已，所获的收益，全部用作祠堂的开销，没有放进自己腰包。

祖父为了证明自己是革命家庭，他找出伯父临刑前那封绝笔血信，去镇里陈述情况。负责人看过信后，就把它放进了抽屉，说："这封信怎么可以放在你那里？我们先保管了。"

随后，对方又说："徐时云是志士这不假，但你是地主也是明摆的事情，别忘了你还有个儿子是反动军官呢。一码归一码。"

一句话说得祖父哑口无言。就这样，地主的帽子戴在了祖父的头上，没几年，祖父母都相继离世。而伯父的那封信从此失踪了，我们后来找相关部门查寻，也没能找到。

后来，1955 年叔叔被押回到常山老家，判了 7 年有期徒刑，送到金华一所监狱劳动改造。叔叔刑满后回到了常山，孤身一人，我把他接过来一起生活，一起在生产队里参加劳动挣工分。

叔叔变得沉默寡言，对往事只字不提，不管受到什么欺侮只是咧嘴一笑。后来有个亲戚看他可怜，介绍他到常山罐头厂看大门。叔叔和伯父一样，写得一手好字，厂里需要写个通知、标语什么的，全出自他的手笔。

五、不朽的钢笔

此后，到了上坟扫墓的日子，叔叔会跟我们一起去给伯父上坟。大半辈子过去，终于可以大模大样地去给自己的大哥上坟了，叔叔高兴。

每次我们摆起供品，点燃香烛以后，叔叔会点一支烟在边上坐着，看着青烟袅袅上升，发呆。有一次，我听到叔叔在坟前自言自语说："大哥，当年你的选择是对的，我是错的。但那时候，谁知道对错呢？"

这几十年过去，三兄弟就我的父亲过得最平顺。我的性格比较像父亲，老实，没伯父和叔叔那么大的抱负和理想，没出息就没出息吧，老实人就过点平安日子。

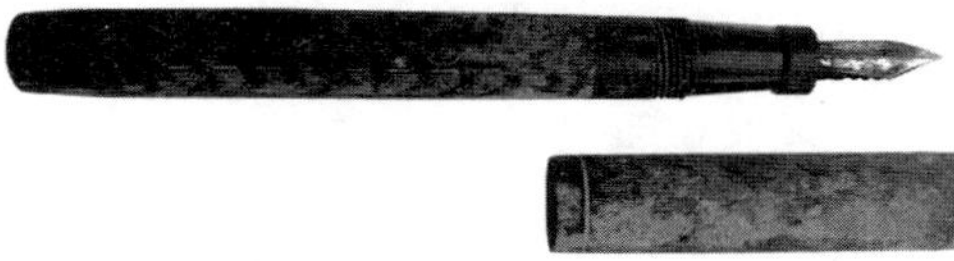
埋在土里 57 年的钢笔

小时候父亲经常带我去龙潭村一带砍柴，父亲还特别带我上燕山看过，当年姜仁光搭起来的两间茅棚原址上已经长满了灌木和茅草。

到了秋天，山上的枫树叶子红得透亮，这个景色当年伯父也是见过的吧。

有一次砍完柴，走到龙潭村，父亲突然站着不走了。他竖起耳朵在听，村民聊的是燕山暴动的事情，他们提到了姜仁光、徐时云的名字。

平时不太说话的父亲，大声对村民说："徐时云是我的哥哥。"

村民们都转过头来看他，几个年纪大一点的村民说，徐时云我们见过，就是经常戴着一顶黑色礼帽。父亲的脸色一下变得阴沉起来。当时我不理解父亲的痛苦，直到 1989 年迁坟才知道背后的秘密。

这次迁坟，我在伯父骨殖的下面，竟然还看到一支黑色的自来水式钢笔。我万分激动，紧紧地把它攥在手心。钢笔上沾有黄色的泥土，已经嵌进了笔身，我舍不得清洗，因为上面沾有伯父的骨血和气息。钢笔还能拧开笔帽，只是它的墨水胆已经腐烂了。

埋在地下多年的钢笔冷冷的，我要把它焐热。

这支钢笔，当年插在伯父笔挺中山装的口袋上，用它写过许多革命的豪言壮语和秘密信件，也用它写下了那封绝笔信。想到这些，眼泪又不争气地掉了下来。

伯父的钢笔我妥善保存了很多年。后来马瘦骨老师找到我，建议我捐赠给县里的党史办，说常山县还没有一件徐时云烈士的遗物。

我一口就答应了。这样的革命遗物，能给更多后人知道，更好。

1991年，叔叔也走完了一生。考虑到伯父孤身一人，叔叔也是孤身一人，又同样没有子嗣后代。我思来想去擅自做主，将他们兄弟俩合葬在一起。

之前担心有人不同意，因为伯父是革命烈士，但我想伯父、叔叔毕竟是亲兄弟，人都死了，应该把什么都放下了吧。

（口述人：徐起良　记录者：马瘦骨）

止戈

1931年“九·一八”事变以后，东北沦陷，长城失守，北平、天津危在旦夕。

国难当前，冯玉祥、方振武、吉鸿昌等一群热血军人，冲破了国民党政府的重重阻力，组建抗日同盟军，奋起抗战。

在短短的几个月时间里，抗日同盟军收复了康保、宝昌、沽源和多伦四县。这是自日军侵华以来中国军队打的第一个胜仗，也是中国军队第一次收复国土。

这些是我们熟知的历史，而我们不知道的是——抗日同盟军总部高级参谋和北路军前敌总指挥部参谋长，就是武止戈。

武止戈是何许人也，为何能担此重任？这还得从他的家世说起。

武止戈的父亲叫武树善，字获堂，号念堂，陕西省渭南县武赵村人，清朝光绪年间乡试中举，任渭南景贤书院山长。

早在光绪二十八年（1902）陕西大旱时，武树善就有捐资赈济渭北

武树善

饥民的记录。

此后，武树善先在壶关、安邑、永济、临汾等县为官，后调平阳府任知府，统辖晋南十三县。

武树善在壶关任职时，在防盗安民方面政绩卓著，又积极进行学制改革，捐银两千两兴办学堂，备受当地人民称赞。

在安邑任内，武树善曾说服八旗军，为诬定为“匪徒”的十余名百姓平反冤狱，被当地百姓赞为贤吏，并捐万民伞。

武树善博闻广识，对清末军政之腐败极度反感，同情革命党人。辛亥革命后，北洋政府聘其为国会议员，因厌恶官场混乱，他断然辞任，返回陕西，定居西安。

现在西安大湘子庙街 11 号院，就是武树善的故居“武家大院”。可惜的是，武家大院多年前已被拆毁，改建成一座仿古建筑（永宁官大酒店）。武家大院的厚重与恢宏，只存在于那些泛黄的回忆文字里。

武树善曾任陕西省政府顾问、陕西省银行第一届监事会常驻监事，陕西通志馆编撰。

在编撰《续修陕西通志稿》时，武树善对 4000 年金石文字在旧志中全无记载深表痛心，决心在续修陕西通志时予以补充。

于是，他自订计划，广泛征集，详加考证，至 1935 年终于告成，共计编撰《陕西金石志》三十二卷。这是备受称道的一部具有较高学术价值的陕西专业志书。

武树善不仅学养深厚，还是学富五车、幽默机智的高才，坊间留下不少他的故事。当时被称为西安的“四大老”之一。

作为西安开明士绅，武树善一直是共产党统战对象，为助力抗战做过很多贡献。武树善也曾经送过许多书到延安。

一、武氏三兄弟

虎父无犬子。武树善共有 6 个儿子，个个都很出色，为抗日牺牲的武止戈，在武家兄弟中排行老二。

武止戈的大哥武憲祖，也叫武少文，毕业于交通大学北京分校经济系铁路管理科，设计并主持过陕西若干道路和桥梁的建设，在西安经营地产、戏院、电影院等。

武少文思想进步，与中共地下党关系密切，利用广泛的社会关系掩护和帮助中共地下党，曾将地下党电台长时间藏在武家大院藏书楼中。

有这样的父亲和大哥，武止戈的人生注定会不平凡。

1902 年 4 月 30 日，武止戈在老家武赵村出生。他在武赵村上了私塾，后随父母全家迁居西安。

武止戈本名叫武憙祖，武家兄弟的名字都带“心”字。武憙祖曾用过化名“胡之康”，参加革命后改名“武止戈”，意为停止战争。

武止戈在西安读完小学后，进入圣公会学校学习。这是外国教会办的学校，著名的进步教师蒲化人当时正在西安传教，武止戈得以师从。

在父亲、兄长和老师的影响下，武止戈广泛阅读了反映新思潮的中外书刊，小小年纪就满怀忧国忧民之志。

1919 年，北京率先爆发“五四运动”，武止戈与进步学生一起，冲破学校当局的阻拦，勇敢地走上街头，声援北京学生的正义斗争。

在临时搭建的讲台上，武止戈慷慨陈词，发表演说。每每讲到列强肆虐、国土沦丧时，他声泪俱下，听者无不感动。

身为富家子弟的武止戈，并没有为优越的家庭环境所沉醉，为了寻求救国的真理，他与几位好友商定去外地求学。

1920 年，武止戈考入天津南开中学。

他和同乡筹办了天津南开学校陕西同乡会，和家乡学生一起组织进步团体，创办《贡献》月刊，号召陕西青年奋起改造社会，为大多数人谋幸福、求平等。

武止戈精力充沛，从文章撰写、编校到杂志出版、发行，他跑得最勤，时间久了，大家亲切地送了他一个“腿腿”的外号。

武止戈中学毕业后来到北京，准备报考大学。在这里，他结识了陕西旅京的学生领袖、北大学生、共产党员刘天章。

武止戈

在刘天章的引荐下，武止戈多次拜访李大钊先生，并去北大听课，受益匪浅。

这年 10 月，武止戈和刘天章、李子洲等人共同发起，将《共进》半月刊社改组为进步的政治社团——共进社。

1923 年初，经刘天章介绍，武止戈加入了中国共产党。从此，他的革命热情更加高涨。

这一时期，武止戈常常挑灯夜战，

撰写了多篇革命文章，对当时马列主义宣传、党组织的建设有着积极意义。

熟读马列主义的他，正确地论证了政治与经济的辩证关系，指出：“一切社会制度，是建立在经济的基础之上的，经济组织不改组，政治的改组是无用的……”

在当时的进步组织中，武止戈的表现是很突出的。他很快担任了中国社会主义青年团北京地方执行委员会书记。

仅半年时间，青年团团员就发展到180余人，成立了20多个团支部。青年团对于政治宣传，尤其是学生运动方面，做了很多的工作。

1924年初，在党组织的安排下，武止戈来到上海大学社会系学习。

上海大学当时是党的秘密机关所在，教员中优秀共产党员就有瞿秋白、蔡和森、恽代英、施存统、向警予、肖楚女、郭沫若、茅盾等，为党培养了大批革命骨干。

更巧的是，武止戈的三弟武慶祖（后改名为武思茂）也在上海大学社会系，也加入了中国共产党。

武止戈、武思茂兄弟俩只相差两岁，他们的青春成长经历比较类似。当时，武家老大、老二、老三，被党内人士亲切称呼为“西安武氏三兄弟”。

二、苏联求学

武止戈到上海大学不久，团中央计划安排他赴苏联学习，并让他在赴苏联前，利用回陕探亲的机会，帮助陕西建立团组织。

武止戈先到渭南赤水，帮助筹建团支部，沿途由华县至宝鸡也建立起团支部。之后，他又到西安，通过举办暑期讲习班，筹建了西安第一个由团中央直接领导的社会主义青年团支部。

1924 年 7 月，武止戈抵达莫斯科，进入东方劳动者共产主义大学学习。

当时的苏联，正处在百废待兴的困难时期，武止戈有时候连肚子都填不饱，但他依旧刻苦学习，俄文尤其出色，被同学们称为“俄文活字典”。

半年不到，武止戈被派往西伯利亚和黑海地区开展工人运动，这一时期，武止戈吃住都在工人中间。

这个名副其实的“富二代”，白天，他和工人一起下海捕鱼，下窑挖煤，夜晚，当工人们进入梦乡，他就着昏暗的灯光，伴着呼啸的寒风苦读。

艰苦的环境，恶劣的气候，使他变得又黑又瘦，同时也锻炼了他坚强的革命意志。

一年半的工作结束后，武止戈告别了与他朝夕相处的工人兄弟，回到了莫斯科，转入中山大学学习。

此时，三弟武思茂也在党的委派下，来到中山大学学习，兄弟俩再次在大学里团聚。

在中山大学，尽管学习、工作两副重担在肩，但武止戈对各项工作抓得细致、扎实，有条不紊。

1927 年夏，弟弟武思茂先行离开莫斯科回国，在武汉为参与创建黄埔军校的国民革命军总顾问加仑将军（即苏联元帅瓦西里 · 康斯坦丁诺维奇 · 布柳赫尔）做翻译。汪精卫政府叛变革命后，党组织指示武思茂在张发奎部学生军中暂时栖身隐蔽。

其间，武思茂曾因学习骑马不慎摔伤了脊椎骨，送到医院治疗迟迟未愈，遂用针将伤口缝合起来，外边看似愈合，其实里边仍在发炎，从此留下了后遗症。

武思茂又返回苏联，直到 1930 年回到上海，在《东方杂志》做翻译工作，成了著名的翻译家。

身在异国的武止戈也时刻关心着国内政局的发展。得知国共合作的大革命正发展得如火如荼时，他向党组织提出加强军事理论学习的要求。

这颗党内冉冉上升的新星，很快要迎来革命的真枪实弹。

经批准，武止戈先进入列宁格勒军事政治学院学习理论，再到苏联红军中代职实习。

1931 年“九·一八”事变爆发后，武止戈请求回国参战，获准后，次年春回到祖国。

不料，武止戈在哈尔滨时，被反动军阀逮捕，在沈阳、大连羁押数月，遭到严刑拷打和非人折磨，致其患上严重的急性肠胃炎病症，生命垂危。

父亲武树善找到驻扎陕西的国民党有关人士，写了字条交给大儿子武少文去东北救人。武思茂也赶到大连，通过地下党组织联系上外国人埃斯，共同计划营救二哥。

在武家的合力营救下，武止戈被转送上海治病。这一时期，武思茂、顾红梅夫妇也在上海从事

武止戈和武思茂夫妇在上海最后一张合影

革命工作，武思茂已是有名的翻译家。

1932 年 11 月 1 日，《东方杂志》向全国各界知名人物约稿，题为：先生梦想中的未来中国是怎样的？

武思茂是这样回答的："中国在国际上与外国绝对平等，全国人民绝对平等，全国电气化，教育普及，全国人民无一人不劳而食。"

一个公平、富裕、民主、自由的新中国，是武思茂的理想，也是武止戈的理想。

三、马背上壮烈殉国

武止戈伤病刚刚痊愈，就受党的派遣来到张家口，同张慕陶、吴化之三人组成中共张家口特委。

此时，日军大举向华北逼近。

国难当头，中国共产党决定联合冯玉祥、方振武、吉鸿昌等爱国将领，筹划成立察哈尔绥远抗日同盟军。

受中共张家口特委和冯玉祥将军的委托，武止戈日夜兼程，穿越内蒙古大草原，到苏联驻蒙古使馆争取苏联援助。

1933 年 5 月 26 日，冯玉祥在张家口就任抗日同盟军总司令，方振武任前敌总司令，吉鸿昌任前敌总指挥。

懂战略战术、又有军事实践的武止戈，先后被任命为总部高级参谋、北路军前敌总指挥部参谋长。

6 月下旬，武止戈与吉鸿昌率部英勇出击，收复康保、宝昌、沽源等数县。

7月上旬，抗日同盟军又兵分三路，对日军重兵镇守的多伦县城发起猛攻。

日军凭借坚固工事顽抗，还派出三架飞机轰炸扫射，抗日同盟军三次攻城不克，伤亡严重。武止戈心急如焚，与吉鸿昌一起分析研究，决定采取内外夹击和夜战解决战斗。

7月11日那天，他们派副官和挑选出来的四十余名精干士兵扮作商贩，分批混入城内，又组成一支敢死队，由吉鸿昌、武止戈亲自率领，从西、北、南三个城门向敌人发起进攻，在混入城内的战士策应下，打开西门，冲入城内。

在一片喊杀声中，敌人惊惶失措，遂向城东北角退去。巷战肉搏三小时，将日军消灭大部，溃兵弃城而逃。

至此，失陷七十余天的多伦城，经抗日同盟军五昼夜鏖战后宣告光复。

这是自日军侵华以来中国军队打的第一个胜仗，也是中国军队第一次收复国土。

抗日同盟军的节节胜利，极大鼓舞了抗日军民的斗志，也使日伪军大为震慑。

他们一面派重兵反攻多伦、沽源，一面加紧勾结国民党投降派何应钦，共同围攻抗日同盟军。

面对强敌，吉鸿昌与抗日同盟军各将领联名发表通电，表示“誓以战士之碧血，渲染塞外之秋草”，决心将日寇赶出中国。

根据中共中央前委指示，抗日同盟军日夜兼程，准备攻打承德。其后，前委又贸然提出“打进北平过中秋”的口号。

武止戈等人据理力争，坚决反对这一冒险计划，建议到党和群众基础较好又有回旋余地的陕北去，同刘志丹等人领导的陕北红军会合，扩大革命根据地。

但可惜，他们的正确主张没有被前委采纳。

1933 年 8 月底，武止戈回到吉鸿昌部任参谋主任，继续协助吉鸿昌指挥作战。

9 月下旬，武止戈协助吉鸿昌、方振武等抗日同盟军将领，率部三四千人，由独石山出发，众将士高唱战歌：

“同胞武装起，携手去杀敌。壮士怒冲冠，日阀心胆寒。边疆一场战，失地夺回还。望我劳苦兄弟，英勇杀敌莫迟延……”

冲破敌人的几道防线，连克怀柔、密云、昌平等县城，攻占了大小汤山，给日军以沉重打击。

敌人不甘心失败，调集大量兵力，对抗日同盟军围追堵截，抗日同盟军伤亡很大。

10 月 13 日上午，在当时的河北省顺义县西许南园村抗日同盟军驻地上空，突然飞来十几架日军战斗机。

“轰隆隆”的炸弹声响过，顿时火光四起，在硝烟弥漫的烟尘中，身材瘦高的武止戈骑着战马往返奔驰，大声疾呼，沉着指挥抗日同盟军转移隐蔽。

突然，一颗炸弹落下，武止戈和战马一同倒在血泊之中，壮烈殉国，时年 32 岁。

一颗冉冉上升的星星，就此陨落。

四、到祖国最艰苦的地方去

武止戈牺牲后，弟弟武思茂继续坚持抗日，但之前脊椎骨严重损伤的后遗症不断复发，他的身体状况一直很差。

其间，曾因治病回西安求助父兄的支持，为了不拖累组织，武思茂想去延安的愿望一直没能实现，抗战还没胜利，武思茂在西安病逝。

武思茂去世后，同为革命家的夫人顾红梅没有再婚，新中国成立后她在北京外国语学院图书馆工作至退休。两位革命家无儿女，武家后人在长城脚下为武思茂夫妻立碑，永志纪念。

武止戈牺牲时才 32 岁，只留下一个儿子叫武永升。武永升有一个女儿叫武芸，生活在新疆。我联系到她时，得知她前两年因动手术，麻药使用过量，过去好多事情记不住了。好在武芸的老伴张校正，不仅耳聪目明、思维敏捷，而且对武芸家史非常熟悉。

他和武芸从初中就在一个班，高中、大学都在一个学校，毕业以后他们自愿一起到新疆来，一辈子都没分开。夫妻俩都是水利方面的专家，张校正更是教授级的高级工程师，研发了大型水利工程的应用软件。

武芸和爸爸武永升

武芸是 1937 年 3 月 4 日出生的，她还没满月母亲就去世了，她是跟在太爷爷武树善的脚后跟后面牙牙学语的。

武芸 10 岁那年，她的父亲武永升也去世了。父母去世后，武芸是武止戈的四弟武志祖照顾长大的，从武家大家族的排序上，武芸一直称呼他六爷。

六爷武志祖毕业于上海大夏大学（现华东师范大学前身之一）西洋文学系，大革命时期在上海追随兄长参加革命，曾任闸北区共青团宣传委员。

武志祖在几十年间精心研究语言学，精通英文、法文、俄文和拉丁文，历任西北农大和西北大学外文系二级教授，深受教师和同学们的爱戴和尊敬。

武志祖夫妇虽然和武芸隔着一辈，但自从武芸双亲去世，她就由六祖母照顾。六爷夫妇从小看着她长大，视如己出，对她一直都很好。

可能是家族基因的影响，武芸从小政治热情很高，初中毕业时响应党组织号召，申请保送师范，想从事教育工作。

武志祖得知后不同意，说你不能上师范，你将来要上大学的。武芸因此她上了高中，最后考入大学。

张校正和武芸初中、高中都在一个班，但从来不知道她是烈士后人。因为在很讲究家庭成分的年代里，武芸一直填写的都是“地主兼资本家”。

为什么这样填，因为她太爷爷武树善是渭南著名的乡绅，她的大爷武少文又是陕西的民族资本家，她就填了太爷爷、大爷的成分。

按理说，武芸亲爷爷是烈士，照顾她长大的六爷武志祖是大学教授，她的出身就算不写烈士子女，家庭成分也应该填工人。

但张校正回忆说，武芸这个人心大，也很单纯。他们那一代人，都是长在红旗下，根本没想过要沾祖辈的光，都争着要将青春献祖国。

高中毕业后，武芸和张校正正式恋爱了。两人都报考了西安交通大学，选择国家最需要的专业，武芸是水利土壤改良专业，张校正是水工建筑专业。

1959 年，四年制的武芸先毕业，五年制的张校正对她说，我们去建设新疆吧，新疆需要我们的专业。

张校正让武芸先去，他晚一年毕业后再去找她。武芸到新疆后，先是分到乌鲁木齐市一个农场教书。

农场当时离市区有二三十公里，但武芸觉得自己是学水利工程的，不搞勘测设计，教书算什么啊？

所以，武芸提出要到最艰苦的地方去，申请到南疆的一个边远的勘测队，条件也很艰苦。

1961 年底，张校正也如约来到新疆。按专业他应该分在水利厅，但他想去农垦厅，因为想和武芸在一起。

可能因为张校正在学校各方面表现都是拔尖的，单位不同意他走，说你不要动，我们把武芸调过来。

那时两人还没结婚，武芸也调不过来。为了团聚，两个年轻人决定马上结婚。

张校正回忆说，那时候布票很紧张，俩人结婚都没有新衣服。仅一个天山白布的被里子是新的，用所有的布票买了一个桌布，盖在比较陈旧的桌子上。

其他物资也很匮乏，单位给发了一公斤水果糖，由好友拿着，谁进门贺喜就给谁两颗，也没有啥仪式。两张单人床拼一起成了婚床，单位给了一张三斗桌、两把凳子，这就是全部的家具。

宴席更是谈不上，也没有条件与他们一起吃宴席，只给了一张乌鲁木齐百花村的餐券，两个人买了一个大杂烩菜，算是庆祝。

张校正说，这是个简陋的婚礼，但那时候一点不觉得苦，两人都感到很幸福。结婚后夫妻俩就在一块工作，一辈子没有分开过。

后来，因为武芸填写的家庭成分是“地主兼资本家”，夫妻俩也没少遭罪。“文革”中武芸被走资派操纵的暴徒抓去毒打到住院，张校正也遭走资派污蔑烧麦子，不得已带着两个幼儿逃回西安。

张校正又补充，说：“后来这些都审查得清清楚楚，凶手都遭到了批判，不知道是不是巧合，打武芸的三个策划者都患癌症早早去世了，你说怪不怪。”

人不能仗势欺人，还是要多做好事。

一直到 20 世纪 70 年代中后期，武家长辈们聊起来才知道，武芸填写的家庭成分竟然是地主兼资本家。大家都惊讶，说你傻呀，我们都

武芸夫妇和大儿子

是革命干部，你怎么是地主、资本家呢。

确实如此，武家兄弟中，不仅武止戈、武思茂，最小的两个弟弟也走上了革命道路。

五弟武慰祖毕业于上海复旦大学经济系，后前往延安就读抗大第四期，1938 年加入中国共产党，曾由党组织派往敌占区从事地下工作。

六弟武德祖 1937 年参加中国共产党外围组织中华民族抗日解放先锋队，1938 年赴延安入抗日军政大学学习，改名苏坚，因酷爱艺术转入延安鲁迅艺术学院。他于 1950 年恢复使用本名武德祖，1957 年毕业于中央美术学院马克西姆油画研训班，后任教于西安美术学院，历任油画系主任、教授及研究生导师。

不止武止戈六兄弟投身革命，武树善的侄子武纬也是起义的抗日将领，外甥李茂堂曾任中共中央社会部西安情报处副处长。

张校正算了算，说知道武芸爷爷是抗日烈士那年，他们都 29 岁了。

他笑着说，要是早知道的话，那她肯定不是“地主阶级孝子贤孙”了，她是革命烈士后代，响当当的红三代呢。

知道后也无所谓了，那时候已经在拨乱反正，一切苦难也都过去了。

所以，一直到现在，单位都不知道武芸的爷爷是在抗日战争中牺牲的烈士。

夫妻俩都是搞技术的，从来也不想当官，别人要让他们当个小领导，他们会觉得可能会影响到自己搞技术，都是要推辞掉。

张校正说，虽然没对外人说爷爷是烈士，但家族爱国的情结是不能忘怀的。他们夫妻俩在工作方面从来都是走在前面，张校正在大学就是团支部组织委员，到了单位也是水利厅机关团支部的副书记。

作为工程技术人员，张校正编制了很多工程软件。他们用这些软件，解决了单位很多重大的技术难题。其中，张校正设计的《水利水电工程计算程序集》，被中国水利水电出版社出版的《水工设计手册》选定为水工设计常用软件，张校正还特别推出“公之于众”版，去掉加密锁的限制，供本专业的工程技术人员和高校学生免费使用。

他还说，武芸在水利工程方面也很出色，他们不仅是生活上的夫妻，还是工作上亲密无间的战友，更是思想上的知音。

尽管夫妻二人各方面都力争优秀，但他们从来没写过入党申请书。张校正说，为什么没入党？因为总觉得自己还不够格，还没有像祖辈那种可以随时献身的信念。

他又补充，虽然没入党，但夫妻俩都是用党员的标准要求自己的，

烈士武止戈的孙女武芸全家福

可以说，他们是“党外布尔什维克”，一直紧跟党走。

五、寻找武赵村

1981 年 1 月，经陕西省人民政府批准，正式追认武止戈为革命烈士。

后人不知道武止戈牺牲后埋在哪里，也没有祭扫的地方。之前大家都忙于工作，顾及不了祖辈的事。武家人知道渭南老家有个武赵村，但它在哪里，都不知道。

张校正和武芸退休后，他就想去找找这个武赵村，就是武芸太爷爷、爷爷的老家，希望可以找到些信息。

张校正说，自己想法比较简单，他们不仅是武芸的先辈，更是先烈啊。

他说：“特别是武止戈，他可是在抗日战争中牺牲的烈士，我不管别人管不管、关心不关心，但我们自己得找一下，我们还是比较看重这个。”

对于张校正的提议，武芸自然很高兴。于是，夫妻俩就从西安一边开车一边问，那时候也没导航，一路问到陕西渭南的一个小地方，还真的找到了武赵村。

村子是找到了，但当时也不知道要找谁问，就在村子里看看，算是无功而返了。

但人去那里，就和那里产生了链接，情感还是不一样的。2018 年 3 月 26 日，张校正和武芸重返渭南武赵村。

这次一起去的还有武家的后人武瑛和郭宁静。他们先在渭南的农贸市场上买了些野菜，在渭南街上吃了饭，就前往武赵村。

革命烈士证明书

武止戈同志在[illegible]

牺牲，经批准为革命烈士，特发此证，以资表扬

中华人民共和[illegible]

一九八一年

颁发给武止戈的烈士证

比起前次来，武赵村明显气派多了。见武赵村村部的广场上有闲聊的村民，他们过去介绍说是武止戈烈士的后人。

村民一听，说，对面的一大片麦田要建成“止戈广场”了，让去找他们的村书记了解详细的情况。

张校正找到武赵村党支部书记刘新法，对方听说是武止戈烈士的亲孙女来了，而且都 82 岁了，立刻向有关人员打电话报喜。

刘新法是河南人，解放前祖上逃荒来到武赵村，是武家的佃户，他多次谈论当时武老爷对村民的大度。

刘书记说，父辈很多人耕种武家的土地，什么都不交，年终向西安武家大院送一点土特产就算完事。

武树善虽为“地主老爷”，但武赵村村民都很敬重他。

谈起武老爷家多么富裕，刘书记说，当时给武家盖房子的一个工人用剩下的建筑材料又给自己盖了院子，结果，土改时却得了富农的成分。福兮祸兮，好在现在他们的后代都过好了。

刘书记还将武芸带到一个武姓人家，论辈分，他们的父亲比武止戈低一辈，算起来他们与武芸同辈。武芸很高兴。

让张校正几人没想到的是，谈到武止戈烈士，村里人都引以为荣。大家不仅知道他的革命事迹，还保存着记录武止戈的革命事迹的各种书籍。

刘书记说，要让后代牢记革命前辈，要有新的情怀，建设好新农村。

看到武赵村收集的丰富资料，张校正赶紧拍了照，发给武家的大家庭成员。应刘书记的要求，他将西安大湘子庙街武家大院有关人的联系办法都写给了他。

武赵村自称为“枣乡”，家家有果园，村民生活都比较富裕，没有贫困户。

居住区临公路的另一边，正在盖一个综合楼，是集体财产。村民每家都有一个一亩地的大宅院，门楼是刘书记统一定做的，高大、气派。

村里的武家人说，村书记虽是外姓人，但确实是一个为老百姓办事的好官，村里老百姓都拥护他。

张校正几人了解完，准备回西安时，刘书记热情留他们吃饭。他说人老了，不怎么吃晚饭了。无奈刘书记太热情了，还是“强行”将他们带到几公里外的一个饭店。

那是武赵村村民红白喜事的聚会处，刘书记还请了两个武姓本家人作陪，招待他们吃当地的特色美食。

吃饭途中，免不了又聊起了武家的往事，让张校正夫妇再次为祖辈自豪。

走时，书记又送了每人一袋渭南时辰大油包子，还送了三袋武赵村的特产——“武赵田园脆冬枣”。

张校正说，原本没想到能见到什么人，什么也没有带，现在联系上了，以后还要再去，一定补上这个人情。

他还说，能够受到武赵村民的款待，那是因为武家祖上积德，是因为武止戈为抗日殉国，作为后人很感恩，也要对得起烈士后人的身份。

武家算得上名门望族，但家族中没有人只顾享受家族的兴旺，没有铺张奢靡的生活和抱残守阙的价值观，而是勇敢，是承担，是在关键时刻英勇而上、不惧死亡。

武芸与武赵村的刘新法书记等人合影留念

新中国成立后，武家兄弟在自家花园合影

这让我们看到了久远的家风。

百年之后，财富会散尽，碑文会消失，能够穿越历史周期的，是村民的口碑，是爱国的精神。

（口述人：张校正、武止戈后人武珉等　记录者：刘霞）

使命

任应岐便装照

任应岐是谁，我想大多数人都不知道，而和他一起就义的吉鸿昌将军，可谓家喻户晓。

而我从小是听任应岐的故事长大的，因为我爷爷马振营做过他的勤务兵。到我父亲这一辈，说起任应岐也是交口称赞。小时候对父辈讲任将军带兵打仗的事明白得不多，但也有一件事，让我对任应岐肃然起敬。

1934 年，任应岐在北京牺牲后，棺椁先被运到了许昌。三年后他的部下筹款在鲁山东关买了三十亩地，将其运回鲁山安葬。部下们原准备为他建个像北京中山公园那样的纪念陵园，后来战事愈演愈烈，陵园一直未建成，三十亩地变成了菜地。

1952 年，他的女儿任秀霞想着父亲生前在外征战，死后孤零零一人葬在外地也没有人陪伴，准备将其迁回老家仓头乡刘河村祖坟，也好魂归故里。

一天中午，刘河村的人都在树下吃饭，19 岁的任秀霞向村民们一个一个地磕头。在农村，这叫“转圈响头”，意思是恳求大家帮忙。刘河村民纷纷伸出援手，凑了一笔迁坟的钱。到农历“十月初一”，农村祭祖上坟的日子，任秀霞在刘河村民的帮助下，前往鲁山迁坟。

沿途民众得到消息后自发为将军送行，我爷爷、我父亲、我三叔他们都参与了送行。灵车走不了多久就被人拦下，众人纷纷烧纸祭奠将军，任秀霞一路磕头致谢，以致膝盖都跪烂了……因为烧纸的人太多了，从鲁山东关到西城门正北，经王石桥到马村天色已黑，我爷爷就把装着任应岐遗体的灵柩迎到我们家。

当晚，我奶奶、我母亲给迁坟人做面片饭，夜里我爷爷他们陪着守灵烧纸。天不明，奶奶、母亲又起床烧火做饭，迁葬的人们吃过早饭继续赶路。第二天，沿途烧纸祭奠的民众仍然不断，直到天黑才运到鲁山县仓头乡刘河村老家。60 里地，整整走了两天。

父亲后来回忆说，任应岐的灵柩很高很大，是用牛拉车来运载，前后都有牛。我还小不理解，问我父亲，为什么前后都套有牛？父亲说，车前的牛拉，遇到大下坡怕车溜失控，后边的牛拽着能控制速度以防不测。

从父辈的讲述中，能感受到鲁山民众对任应岐将军的敬重。所以，从小在我的心中，任应岐将军一直都是很伟大的。但等我上学读书后，突然产生了一个大大的疑问，能让我爷爷如此崇拜的英雄，为啥书中没有？

刘关张桃园结义的时候还讲“不求同年同月生，但求同年同日死”，任应岐和吉鸿昌一起被杀，说明他俩之间的情谊很重。可吉鸿昌在书籍、电视、电影都有相关记载，而任应岐什么记载也没有。

我心里就打了个大大的问号，开始留意这方面的信息。我最开始只是好奇，父亲说他伟大，他肯定是有历史功绩的。既然他是和吉鸿昌一起牺牲的，我就顺着这条线索来查找资料。

一、军人可杀不可辱

吉鸿昌作为家喻户晓的抗日名将，他的生平事迹多为众人所知。任应岐虽然没什么名气，但历史也留下了他的一些印记。

任应岐，字瑞周，1892 年出生在河南鲁山刘河村一个普通农民家庭，20 岁从淮阳师范弃学从戎，在部队一路征战受到重用。1924 年 9 月，任应岐参加了孙中山领导的北伐战争，胜利后被任命为建国豫军总指挥、第 1 师师长兼第 2 旅旅长，后被蒋介石任命为国民革命军第 12 军军长。

不管军职如何，任应岐的爱国之心一直都有体现。早在 1925 年上海“五卅运动”爆发时，任应岐就在《民国日报》发电表示，军人可杀不可辱，全国袍泽都要奋起为国家争人格，为黄族延血脉。1927 年日本增兵青岛，企图侵占山东，任应岐代表第 12 军全体将士通电全国，揭露日本侵华的狼子野心，号召国人团结一致抵御外侮。

这也给当时刚刚背叛大革命的蒋介石当头一棒，任应岐所部开始遭到蒋介石的频繁调动和缩编。无奈之下，任应岐被迫离开部队，辗转到了天津。

1930年3月，任应岐率旧部参与讨伐蒋介石的中原大战，失败后退守河南新郑县，又被蒋介石部队包围，后化装逃至北平，开始了秘密的抗日反蒋活动。在北平期间，他结识了中共平津地区地下党领导人刘仁。

随后，任应岐从北平回到天津后，资助河南同乡会主办震中中学，亲任董事长，并结识了志同道合的老乡吉鸿昌。

他们都是河南老乡，都曾受到蒋介石的重用，又因政见不同而备受打压，两人遂成为挚友加事业合作者。

“九一八事变”后，吉鸿昌向蒋介石请缨抗日未准，召集旧部策划起义，起义失败后联络各地抗日武装，开始反蒋抗日。

1934年，吉鸿昌加入了中国共产党。同年5月，在中国共产党的领导下，吉鸿昌、任应岐等人组织成立“中国人民反法西斯大同盟”，任应岐当选为中央委员会常务委员。该组织主要任务就是抗日反蒋，秘密策划十万人的中原大暴动，推翻蒋介石政权，以及缓解中央红军被围堵的困局。

为了支持这一暴动，任应岐将仅有的4.5万元个人积蓄全部充作军需，丝毫未留家用。以至于他就义后在外面欠有许多债务，当时的报界发出感叹:“至于任之身后，家无恒产，均为可虑。”

但“中国人民反法西斯大同盟”成立后，全国爱国志士纷纷响应，并纷纷派代表到天津联系，引起了南京政府的注意和恐惧。于是，蒋介石密令军统特务除掉任应岐、吉鸿昌。

吉鸿昌（右二）、任应岐（右一）合影

刺杀任务下达到天津军统站，但要杀掉两个将军，这可不是容易的事。特务经过研究部署，兵分两路，一路紧跟吉鸿昌，一路紧跟任应岐。

两人一个住在日租界，一个住在法租界，特务迟迟没有机会动手。直到 1934 年 11 月 9 日，军统终于找到下手的机会。

那一天，吉鸿昌、任应岐二人同时外出，在天津国民大饭店 38 号房间内，接待李宗仁派来的代表刘少南。他们见面后，借打牌为掩护，商谈要事。

特务安排好杀手后，派一个女特务借茶房送水之机，将皮球拍进屋，看好了房间内各人所坐的位置。吉鸿昌留有胡子最好辨认，女特务看到有胡子之人正坐在靠暖气处，因热而脱去外衣，露出随身穿的白上衣，于是留下白十字暗号。没想到，偏巧这时房间内几个人搬庄换门，刘少南换到吉鸿昌的位置，也因暖气热脱去外衣而身着白上衣。

杀手突然闯进房间，对着目标开火当场将刘少南打死，弹起的子弹伤了吉鸿昌的左肩和任应岐的手臂。反应过来的几人进行还击，枪手见势不妙，仓皇逃跑。法租界工部局巡捕闻讯后赶到现场，将房间内三人以“非法毒品交易”为名抓捕。

当晚吉鸿昌、任应岐二人被送往法租界教堂医院医治枪伤，他们的部下也开始考虑营救方案。从获取的情报中得知蒋介石将把二人押送南京受审，于是设定扒毁铁路进行营救。

遗憾情报不准，吉鸿昌、任应岐二人被解往北平，营救计划失败。二人被押至北平后，先被关押在北平军分区执法队，后送往炮局胡同的陆军监狱。

11 月 24 日，吉鸿昌、任应岐被国民党北平军分会以“加入共产党，危害民国，且两人已供认不讳”之罪名枪杀。任应岐时年 42 岁，吉鸿昌 39 岁。

史料虽然不多，但也算清晰完整，可为何吉鸿昌人人皆知，任应岐却默默无闻呢？

我后来了解到，其中一个重要原因是，据当时的资料无法确定任应岐是共产党员，不好宣传。我就想，那能不能找到相关文献档案，证明他是共产党员呢？

二、一包糖果

找资料很像打渔，开始一网下去，大鱼小鱼肯定都能打到，到后面就会越来越难，如同大海捞针。

省内的文献史料查完了，我就开始跑北京、天津、南京等地的图书馆、档案馆，可能有任应岐相关资料的地方，我都去了。去查档案的人大多都是高校的教授、博士们，没有像我这样一个农民工去那儿查资料的，所以一路也得到了很多人的帮助，不然我很多地方大门都进不去。

比如去中国第二历史档案馆查冯玉祥的个人档案，这些档案后人捐献时就签过协议，不经允许不能查阅，因为档案中间牵扯到很多历史人物和事件，有些还未解密。我先取得了冯玉祥后人的同意才去，到了馆里说必须要有书面委托书，他们又给我写了委托书快递到南京，我才顺利查阅到。

这一路走来，我特别感激帮助过我的人。我也在想，他们为什么帮我？因为我在做一件正确的事。我接受帮助，但我有个底线，从来不接受好心人的钱，谁给我钱我都不要。

有次我去天津，见到原国民革命军第 11 军军长的儿子李春台，老人家 80 多岁了。那一天下着雪，他留我吃饭，吃完饭老两口硬要给我 500 块钱，我肯定是不能要。离开时天黑了，老先生打个手电筒一路送我到公交车站。我坐到公交车最后一排，视线都模糊了，看不清他的人，他还打着手电筒在那儿对我挥手。

那一幕到现在我还历历在目。想想，80 多岁的老人，蹒跚着站在雪地里，一直为我照亮前行的路，我有什么理由停下呢？

还记得 2006 年我去吉鸿昌女儿吉瑞芝阿姨家，她家也在天津，她和先生都是退休老干部，对我很亲和。吉阿姨还让她先生亲自给我做饭，我临走时她要给我 1000 块钱，我当然也是不能要。吉阿姨就问我孩子多大了，我说上三四年级了。她说那这样，钱不要的话，就带些糖果回去给孩子，是他们刚从国外带回来的。

我带着一大包糖果回去，孩子们知道是吉鸿昌将军女儿给的，那多高兴呀，拿着跑到外边分给邻居小孩。我们这边的人，那时候哪有人吃过外国糖果，更何况还是吉鸿昌将军女儿送的。有个邻居的孩子，那时才上初一，吃了还想要又不好意思说，回家跟他妈妈说了这事。邻居来我家说，听说这糖果是吉鸿昌将军女儿给的，还想要一颗。我捧了一大捧给她，这糖果对孩子们也是一种爱国主义教育，可比钱重要多了。

我前后去了天津很多次，为啥去那么多次？我得去两位将军工作战

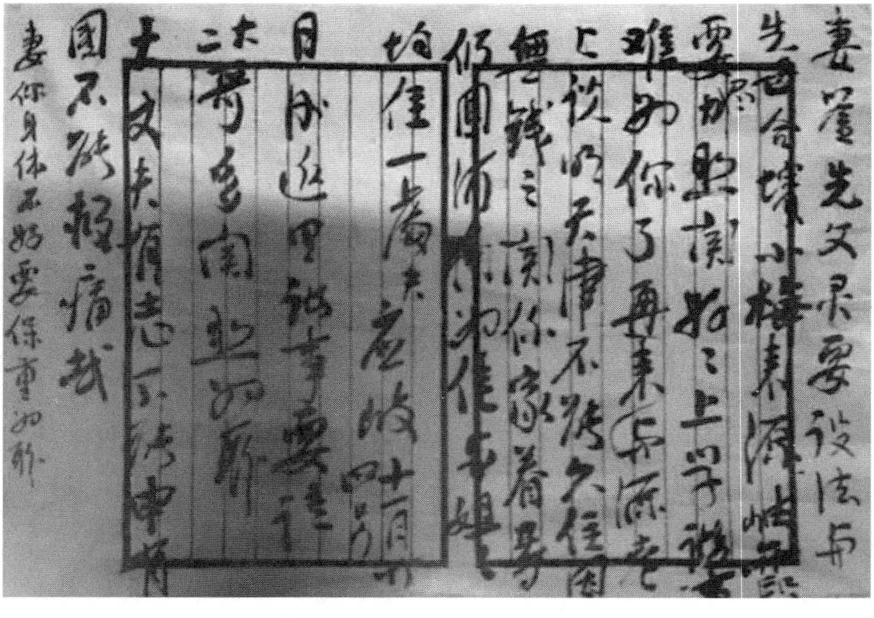

任应岐临刑前留下的遗嘱

斗过的地方看看，哪怕什么都没有了，到了那里，也能感受到他们的精神。

通过多年的努力，凡是有“任应岐”这三个字的书籍、报纸，能找到的我都去找了，最多的应该是任应岐和吉鸿昌就义时的资料，当时的《实报》登载二人“解抵北平”时说：“出站时，吉作微笑，任亦自若。”

《大公报》记载：“两人仍矜矜持持，与人谈讲过去历史，言语间多魁梧慷慨之词。”

《全民报》说：“二人遗嘱毕，均为捆绑，即就该狱后院，令二人坐于地下，各饮一弹身亡。”

《新天津》也详细报道枪决情形：“两氏阅（死刑）判决后，面容突变，但仍力持镇静，当向陆军监狱当局索纸笔，各立遗嘱一纸，致其家属……各中一弹即毙命。”

国民党元老刘人瑞之子刘绍韬，还珍藏有任应岐刑前写给夫人刘玉贤的遗嘱，有言：“大丈夫有志不能申（伸），有国不能救，痛哉！”

凡此种种，都记录下了任应岐将军的大义凛然、慷慨就义，和我父辈口中的伟大是相符合的。

在这些资料中，吉鸿昌的入党信息是确切的，而却一直未能查到任应岐加入共产党的确切信息。任应岐对外的政治身份一直是国民党的高级将领，如果是共产党员的话，也应该是利用特别身份为党从事特殊秘密工作的秘密共产党员，这种身份与上层都是单线联系，除了上线没人知道他的真实身份。

为了查证任应岐的政治身份，我给中央组织部部长写信，如果任应岐是秘密党员，中央组织部应给他恢复共产党员身份，假如不是党员，可不可以给他追认党员呢？就像我们那些参与救火的、救落水儿童的烈士，牺牲后也可以追认党员。但这条路没走通。

我又想，党员身份不能明确，那国家可不可以对他进行其他认定呢？他为国家牺牲了是肯定的，他应该是烈士。我在查找资料的过程中，也见了很多烈士的后代，像赵登禹、张自忠、佟麟阁等烈士的后人我都见过。他们父辈没有加入共产党，牺牲后也都被党和国家追认了烈士。

这给了我信心，要为任应岐追认烈士而努力，没想到这条路会如此漫长。

三、敢冒天下之大不韪

说实在话，为了给任应岐申烈，我也有点冒天下之大不韪，国家有关部门我都给写过信，去反映呼吁。因为我感觉这不是我自己的事，是关乎对一位爱国将领身后正确评价的大事。

民政部门倒是给我回信了，最后转到我们县民政局，来信说任应岐不是党员身份，时间太久，不能追烈士。我想那能不能通过民革中央在全国两会期间提个议案，看这个追烈的政策会不会有变化。我去北京找到民革中央，也没结果。

有一次，平顶山市政协的余明杰说："既然任应岐是一位爱国将领，我党的高层领导应该有评价，只要评价过，就应该能够找到。"这话给我很大启发，我又顺着这思路往下找。

我做这件事，开始是出于兴趣，到后来成为一种责任，几十年过去更是自己的人生使命了。要不是使命，真坚持不下来。

中间经历的坎坷事多了，我也就想明白了，这件事要是容易，为啥几十年没给他证明了、追认了。所以中间出现很多困难、阻力，我都没有放弃。反正这条路不通，就再换一条路走呗。

我父亲也说，这件事你可以停下来，但你不可以放下去，停下来等着你有精力、有能力的时候你再去继续。

我父亲叫马德安，他读过 8 年私塾，鲁山解放得早，1948 年搞土地改革的时候，我父亲编了一出剧本，叫《血海深仇》，排练的时候没人演坏人，我父亲就演了。他能编会演，就被到村里调研的领导看中，要把他带走，但我爷爷身体不好，父亲没去成便留在村里当农民，后来参与了任应岐的迁坟。

我呢，从小爱读书但也没考上大学，我如果考上大学有份稳定的工作，肯定得把工作先干好，哪还有那么多的时间出去查找任应岐的资料。所以说，一切都是命中注定。

我父亲就说，人到世上都是带着使命的，可能为任将军申请烈士这就是我们家的使命。我妈没读过书，也不会说大道理，但她知道我在做的是件好事，所以也很支持我。

记得有一次我去北京查资料的时候，我母亲送我出大门，走出大门到胡同口的时候，母亲喊住了我，要给我 20 块钱，那时候刚出 20 块钱的钞票。我说，娘，我准备了去北京的盘缠路费呢。母亲

媒体采访马昶红，母亲正慈祥地看着他工作

说，其他的我没有，这钱你拿着，放到鞋垫下边，万一搁外边没钱回不了家，你能买点吃的，能想办法回家。

唉，一提到父亲母亲，我真是控制不住要掉眼泪。那20块钱我没花，回来后又交给了我娘。

我们县政协原文史委主任程广业曾问我，当年是不是任应岐灵柩放你家，灵魂留到你家，附到你身上了，你才会这么执着。我后来也奇怪，对任应岐这件事，确实感觉到了从灵魂之中带来的使命感。

记得我在鹤壁打工的时候，有次晚上梦到任应岐将军，一看日历，他牺牲80周年的日子快到了。我准备请假回去给他扫墓，老板不给假，我就跟刘河小学校长联系，说我寄点钱回去，让校长组织学生去扫墓，刘河小学最早就是任应岐创建的。

我原计划寄500块钱，家属说500块钱有点少，让我寄1000块。我家属也是比较支持我做这件事，后来就是我俩开着三轮车到镇上信用社给校长汇款的。

扫完墓还剩下400块钱，校长说要退还给我。我让校长别还了，组织去的学生写一下扫墓的感想，然后评选一二三等奖，给孩子们买点学习用品鼓励他们一下。到现在我还保存着那几十份作文，有时间就拿出来看看，确实很感动。如今一算，那些孩子都考大学了。

经过多年的努力，我还真在党的高层领导文献中，发现了对任应岐的评价。

在写于20世纪30年代的《李大钊同志传略》中，就记录有："大钊同志不避牺牲，坚毅不倦地，继续在北方工作。领导北方群众进行反奉系的斗争，同时并联合北方一切进步的实力，如国民军的旧部，任应歧烈士的部队等，实行反奉的军事行动。”

在这份史料里可以清晰地看到，任应岐名字后面的“烈士”二字是后改上去的，原字是“师长”。这是为党的十五大宣传做的领导人传记，把“师长”改为“烈士”当然不是笔误，是党对任应岐英勇就义的高度认可和评价。

2005 年 7 月的一天，下着大雨，也干不了活，我就到鲁山县图书馆，付 100 元押金借两本书准备回去看。当我用塑料袋装好书放在自行车前的篓子里准备离开时，突然想到《毛泽东文集》里会不会有关于任应岐的评价？大家熟知《毛泽东选集》，相对较少关注《毛泽东文集》。

我赶快回到图书馆仔细地翻找，生怕漏掉一页一字。真在《毛泽东文集》第二卷《反投降提纲》一文中，找到任应岐的名字，里面明确写道：“九一八”事变后，吉鸿昌、任应岐等人坚持革命，没有叛变。

书中还有关于任应岐的注释记载：“与吉鸿昌组织中国人民反法西斯大同盟，进行反蒋抗日活动……在北平遇害。”

这是来自国家最高领导人对他的评价，我想申烈有望了。当我兴冲冲地走出图书馆后，才发觉放在车篓里的两本书不见了，100 元押金自然无法退还。

同年 9 月，我看北京市档案馆举办的党史珍贵档案展上，披露了一份名为《何应钦关于吉鸿昌赤化的密电》。这份密电正是导致吉鸿昌被捕遇害的导火索。我决定去一趟北京市档案馆，看看有没有任应岐没解密的史料。

我每次出门都会带一大包任应岐的资料，这其中当然会包括吉鸿昌的。市档案馆研究室的刘苏主任，看过我提交的资料后和我说，11 月

23日档案馆要召开吉鸿昌研讨会，你也去参加吧。

我当时已经在返回河南的火车上，就说自己对吉鸿昌也没研究，仅对任应岐关注得多一点，还是不去了。刘主任说你提供的资料中牵扯到很多吉鸿昌，你对吉鸿昌了解也不少，可以参加。

我听后好奇一问，为啥能开吉鸿昌研讨会，不能开任应岐的研讨会？刘主任说，这都是上一年就安排好的工作计划，要改变研讨会主题得请示领导。刘主任请示后，领导说先开吉鸿昌研讨会，再开任应岐的会。

我一听，随口感叹说，他俩身份基本上相当的，而且任应岐的资历比吉鸿昌还要老，怎么还分前后呢？

没想到我刚到家，刘主任电话来了，说领导同意，会议主题改成“吉鸿昌、任应岐研讨会”，还给我发了一个邀请函。

那时我父亲还健在，得知后很高兴，给了我200块钱让我去买套西装，说你去北京开会，不能穿得太寒酸。从小我父亲就对我说，衣服无论好坏新旧，都要干净整洁，去见别人既是对他人的尊重，也是庄严自己。

我们县里的领导们知道这个消息后也很重视，申请一起参会，说这是一个重大突破。

四、我爸的事就靠你们了

2005年11月23日，北京市档案馆举办的“吉鸿昌任应岐史料研讨会”在北京正式召开，我作为唯一的任应岐民间研究者参与了会议。

北京的这次会，我见到了国内一些权威的专家学者，我多年收集研究的资料得到了他们的认可。刘苏主任给我题词：“存真求实，爱国敬业。”

天津市政协文史委副主任方兆麟得知我收集的这些史料，是靠打零工抽空做的，还写了封信让我捎回去给市政协的领导，建议安排我到文史单位协助工作，好使我生活安定，方便研究。这封信我一直保存着，至今也没有递交。

烈士任应岐的遗孀刘玉贤和三个年幼的孩子

根据我之前多年调查到的文献史料，当时会议就提出，有关部门应考虑追认任应岐烈士称号。

这次会议也邀请了任应岐的后人，女儿任秀霞、儿媳马文华都到了现场。任应岐牺牲时，妻子刘玉贤还怀着身孕，艰难逃离天津辗转回到鲁山老家，很快也因气愤得了肺病，后又因无钱医治撒手人寰，留下三个年幼的孩子。

后来，任应岐的部下程耀德去延安，受到周恩来等中央领导的接见，到抗日军政大学学习后，受党的委派回到豫南组织队伍，程耀德这才将任应岐流落老家的三个孩子带到部队照顾。

陡沟起义后，任应岐的两个儿子任少岐、任中华就一直生活在新四军第 5 师师长李先念和政委陈少敏的身边。1946 年第 5 师在“中原突围”中，部队被包围了，任少岐、任中华两兄弟一个 15 岁，一个才 11 岁。战斗打了一夜，部队要突围，陈少敏将 40 块大洋分别缝在了两兄弟的腰带里边，两兄弟跑到山上一个大石头下躲起来。

等天亮了一看，大哥任少岐跑掉一只鞋，他让弟弟等着他，他去找鞋，然后失踪了，多半是牺牲了。任中华左等右等不见哥哥，又累又饿只好下山来找吃的，走到一户地主家，他掏出大洋说买东西吃，人家一看有钱，就把他钱没收了，留下来放牛放羊。

任中华当了小长工，直到新中国成立后政府才发现了他。问他是谁？哪里的？他才说，俺爸是任应岐。这才重新入伍当了解放军，李先念在湖北一次会议中遇到了任中华，就让他转业回北京去找陈妈妈，当时陈少敏在全国总工会任负责人。

任中华回北京后，陈少敏将他安排在全国总工会档案室工作。有一次他去天津看望吉鸿昌夫人，他叫对方大姨妈。

吉夫人就跟他说，中华，你刘仁叔叔到处找你，你回北京去赶快去找你刘叔叔。

刘仁时任北京市的第二书记，之前他是平津地区地下党的负责人，刘仁在天津搞地下工作的时候，就经常在任应岐家开秘密会议了，任应岐用他的身份成功掩护着刘仁的地下活动。

任中华找到刘仁后，刘仁问他工作如何，他说自己文化程度不行，还想上学，于是被安排到北京男中继续读中学。

任中华毕业后想当老师，就一直在北京团结湖小学教书。

任中华夫妇生前也多次向民政部门提过申请，追认父亲为烈士，但都因无法确认父亲的党员身份，和提供的证据不足而不了了之。1988年，任中华为在家乡给父亲修建墓园立碑，特找到李先念为父亲任应岐题词：人民儿子。1996年，任中华因心脏病去世了。

父亲牺牲的时候，任秀霞也才一岁多，跟随程耀德到部队一段时间后，又回到鲁山老家依靠亲戚生活，长大后嫁到了宝丰。

为什么任应岐没有被追认为烈士，原因是多方面的。我也专门写过材料给相关部门反映。兄妹俩时断时续地申请，没有形成持续性的跟进，没能较早地引起相关部门领导的重视。加之过去在宣传吉鸿昌英雄事迹的同时，某些作者和编剧对任应岐不了解，对其真实形象进行了一定程度的歪曲和贬损，误导了读者和观众，也有意无意间增加了对落实任应岐问题的困难性。

李先念为任应岐题词：人民儿子

改革开放后，一些报纸及刊物才陆续有了纪念任应岐的文章出现，但由于写文章的作者人微言轻，均未引起社会上大的反响及上级领导的重视。时至2005年，任应岐的烈士问题没有得到认定，与会专家都说是一种遗憾。

那次会议，74岁的任秀霞对我说，父亲为国家做了那么大贡献，到现在连个烈士也不是，说着都哭了。

我只能劝她，说，你看，1934年11月24日你父亲和吉鸿昌将军就义的时候，正是红军最艰苦的阶段，8万红军过湘江，只剩3万，几万人牺牲了，留下名字的有多少呢？你父亲或多或少还能查到一些资料，历史给他留下了一点记忆，也算幸运了，你要想开点。

老太太眼含热泪和我说：“孩子，我爸这事就靠你们了。”

我听到这话，当时心里的压力多大呀，就感觉这事不做都不行了。

北京的这次会议，不少媒体都去了，影响挺大，有正面的也有负面的。

正面影响是，把任应岐首次推到公众面前，大家都对他有了新认识，会引起新的研究和关注。负面影响就是无形之中给相关部门某些不作为的人施加了压力，让他们产生抵触情绪，不高兴了，反而成了申烈路上的新阻碍。

比如我们省民政厅有个副处长就在办公室问我，任应岐追烈这件事，你们都主张着给他追认，这么多年过去了，国家也给他补助不了啥，追个烈士又有啥意义呢?

我说，因为他是为国家民族牺牲的，我们可以忘记他，但国家、政府不能忘了他，只有成为烈士，国家才会记住他，大家才会敬仰他，学习他。

当我给县里送申烈材料时，还有个别部门负责人，抵触情绪也很大，直接说材料别往我这儿送，送也不批。

我说一百句话，不抵他说一句话。心里不委屈是假，但反过来又想，是自己心甘情愿去做的事，委屈也就委屈吧。

我父亲跟我说，就如一堵墙堵你跟前，头都撞到墙上也过不去，你得绕着弯过去，是不是？我父亲还说过一句，你负重前行，就像背个大石头感觉是压力，可能到前边遇到的墙有点高，你过不去，给那石头放到地上，你当作垫脚石，一下子都过去了。

我受父亲的影响也比较大。在人生最困难的时候，生活和工作遇到阻力的时候，他总能说一些激励我的话，使我坚持下去。

晚上我有时候失眠，睡不着，看不到希望的时候，我就去看书，我家有一间房子里边都是书，2000 多本。我去看啥书呢？看《毛泽东选集》，看红军长征期间，在红军最困难的阶段，他写的文章是啥，看他面对困难时的那种心境，给自己找个排泄压力的出口。

五、让烈士回家

北京会议之后，陆续有媒体记者来采访我，他们把我从建筑工地拉回去，听我说这些经历。我接受采访呢，主要是想更多人知道任应岐，但有人看了后，说我做这事是贪图名利。

说实话，我对金钱物质没有特别的欲望，我身上有两块钱就能在外生活两天，在天津住10块钱一晚的鸡毛小店，臭味熏天，我照样点着蜡烛看书入睡。朋友们开始觉得我很傻，时间长了也佩服我。

有一次，我去南京查资料，有个朋友的朋友听说我的事情后，要请我吃饭。这个朋友说自己曾经也喜欢历史，因为经济条件不允许，他就想自己先去赚钱，有钱了再来研究。现在他有房有车，几百万存款，但已经没有想去研究的劲了。

还有的人说我爱多管闲事，可有些事你遇到了，你能不管吗？2013年，我去董周乡何家庄村找资料，这里何官生的父亲也做过任应岐的随从。到了他家，家里也是穷得很，聊完老两口说要请我吃饭，三个人只有两个馒头就红薯干。

这家的老太太叫冯玉贤，70多岁，我刚去时她还在一旁说，你这年轻孩咋一天这么多事？我跟她说是为任应岐申请烈士来的。老太太一听掉泪了，搁那儿擦眼泪。

我还以为是我哪里说得不对，让老人家不高兴了。没想到，她试探着问我，你知道冯义亭不？我说知道呀，我们县的革命烈士。老太太说，那是我父亲。

原来她是烈士女儿，看她家那么穷，我就问没啥补助吗？她说啥也没有，刚开始有低保政策的时候，她去申请，可工作人员说她是女儿，出嫁在外不算数。

老太太说她出生才 10 个月，父亲就去参加八路军，死在哪里也不知道。“父亲就我一个独生女儿，还不算数。”老太太说着就哭了。我听了心里不是滋味，把电话号码给她，让她啥时间上鲁山打电话给我，我带她去找找看。

老太太真来了，我骑着电动车带着老太太来到民政局，找到局长说了说情况，两三个月后她家人给我打电话，说很感谢我，给她批了低保每月能有三十块钱。我说不用感谢我，你是烈士后代，每月三十块钱，

马昶红带志愿者去探望烈士冯义亭的女儿冯玉贤

早应该给你。

后来那老太太又和我说，她最大愿望就是想知道父亲牺牲在哪里，想去祭拜一下。你说，这种请求，知道了能不管吗？

当时南京《扬子晚报》有个“寻路——让烈士回家”的栏目，我和他们联系上后，真找到了烈士冯义亭的安葬地，就在江苏涟水的烈士陵园。

有个老板的企业做得很大，资产上亿，他在报纸上得知这事后，说要亲自带这个老太太去祭拜父亲。我说这是好事呀，就和那老板联系，当时他人在国外，说等他回来就开着奔驰带老太太去，但他和我说，要签一个协议，途中老太太出任何事都和他无关。其实人家考虑得也对，但我肯定没法和老太太解释清楚这个协议，我只能说那就算了。但这事就一直搁在我心里，放不下。

一直到 2020 年，冯玉贤老太太的孩子给我打电话，说老太太身体也不太好，都 83 岁了，怕是没机会去江苏了。我听了心里着急呀，正好鲁山县观音寺乡太平堡村党支部书记常其峰，他们村观上有古碑让我去拓碑，将内容整理出来也算村里的文化遗产。

中午，常书记就说要请我吃饭，他也是优秀党员，开始说要带我去大饭店吃，我说没必要，我吃个便饭就行，不要浪费。吃饭的时候，我没忍住，就和他说起这事。常书记一听，说没事他来安排，开始也说他亲自去，后来他上省里开会没时间，他就让我算一下去一趟得多少钱。

我算了算，得 3000 多元呢，常书记二话没说，直接给了 4000 元。我和另外一个烈士后人刘伟伟一起，租了辆车拉着老太太一路赶到江苏涟水烈士陵园。

陵园其实是个广场，广场中央是涟水战役烈士纪念碑，冯义亭烈士的墓在纪念碑后面约 20 米处的草坪上。看到父亲名字的时候，老太太哭得那个伤心呀。当时广场有活动，在场的人都落泪了。一位保洁员过来拉着我说，兄弟，我请你们几个从烈士家乡来的烈属去吃顿饭，你们大老远来一趟太不容易了。

我说那肯定不能，保洁员说让我留个他的电话，以后清明节来不了，他来帮忙扫墓。他说烈士是保卫我们涟水牺牲的，我们应该为烈士做点什么。说实话，到现在我都感谢这个叫徐祝成的保洁员，他的觉悟可能比一些干部还要高。

回去后，我给平顶山老促会的也说了这事，会长裴建中是部队转业的，对烈士有感情，以后每逢节日都会给冯玉贤不同程度的慰问和关怀。

我有时也想不通，很多事是有能力的人轻松一句话就可以解决的，但最后责任都落到我这个没能力的人身上，要经历千难万难。这时我就想起我父亲说的，人来到世上都是有使命的，养家糊口是使命，对社会做贡献也是使命。这件事轮到我，也是我的使命。

我最困难的时候，任应岐申烈推不动的时候，我都给女儿、儿子交代，说这事是你爷爷交代的，我要是办不成你们俩以后要接着办下去，这是咱家的使命。

六、做的是个好事

我看了那么多书，唯物也唯心。

我母亲 80 岁生日的那天，我父亲去世了，他在医院 22 天数次下病危通知，一直等到这天。而我母亲去世那天，正好又是我儿子的生日。

我就想，冥冥中父母选择这个特殊的日子去世，也是希望亲人能够长久地记住他们吧。

普通人如此，何况像任应岐这样的先烈呢，他们肯定也希望国人不要忘记吧。

2007 年，扶沟县新修建了吉鸿昌纪念馆，占地一百多亩，开馆那天，吉鸿昌女儿给我打电话，让我也去。很多领导也都去了现场参观，还有军事博物馆的领导也去了，我之前在北京查资料的时候就认识他们，一起合照留影的时候，他们就说：“昶红，这个纪念馆就是我们做的方案，你回去后也搞个任应岐纪念馆吧。规模再小，两三间旧瓦房也可以，使任应岐的灵魂也有个安放之处。”

马昶红在扶沟吉鸿昌纪念馆留影

我当时想，这都是政府做的事，我个人哪有能力。这些年，为搜集任应岐将军的资料，我行程数万里，足迹遍布半个中国。为考证任应岐档案细节，我走南闯北，拜访专家学者、拜见烈士后人，也算是开拓了眼界，增长了见识。

记得有一次黄小同委员来鲁山开邓小平纪念会，我就带着他们一块去到任应岐的故居，给他讲任应岐的这些事。黄小同是全国政协委员，中共中央党史研究室原室务委员、秘书长，晚上欢迎晚宴时，我们市委书记、市长都在现场。

我在最后边坐着，黄小同端着酒杯直接走到我跟前，当着县委书记他们问，你是在政协工作的？我都很尴尬，说自己没有工作，就是打工的。

后来我要去北京找他的时候，找打工的老板请假，领导不准假。我父亲知道后，说他不准你假，你辞工算了。我觉得这事很重要，真就辞工去了北京找他，半个月工资都没要。

2014 年，黄小同在全国政协办公厅主办的刊物《纵横》上发表了一篇文章，标题就叫《任应岐——不应该被历史遗忘的爱国将军》。文章客观翔实梳理了任应岐将军的一生，并在文章结尾说：历史不会忘记每一位为国家为民族而献身的人。

他那种身份、学术地位的专家能站出来发声，太不容易了。

在各界的共同努力下，2017 年 9 月，鲁山县炎黄文化研究会任应岐研究中心成立，并正式启动申烈工作。2019 年 4 月，鲁山县委成立任应岐申烈工作领导小组。

我作为申烈的一名工作成员，全身心投入申烈资料的补充、完善和整理工作中，形成 60 余万字的《任应岐资料汇编》，最后确认主证材料 12 份。

材料整理好，一步一步往上报送，从村级开始要开证明，村党支部，村委会，乡党委，乡政府，县以上，除了党委和政府，退役军人事务局也得证明。

每一级都得经很多部门的签字，才能形成一份完整的材料继续往上报，每签一个字，签字的人就要负责，中间的程序之严谨可想而知。

2021 年 7 月 9 日，河南省人民政府正式批准任应岐为烈士，看到批复文件后，我真的大哭了一场，几十年的心愿总算实现了。

我第一时间就直奔爷爷、父亲的坟头，以及任应岐烈士的陵墓，烧香磕头，以此喜讯告慰他们的在天之灵。

遗憾的是，曾经很多努力想要申烈的人，已经离世了，比如任应岐的儿媳马文华，她为这事也很努力，也很支持我去做。记得有一次去北京，她要给我 300 块路费，我没要。

关于为任应岐将军申烈，我从不认为这是任家人自己的家事，烈士是为国家而牺牲，申烈是每一个国人的事。

现在，我讲述这些，只是希望多些人知道任应岐将军，并不是说申烈成功我就是功臣，背后为之努力的人很多，包括烈士的后人，我只是比较完整地经历了这个过程，有些没讲到的或者我不了解的，肯定也有，请读者见谅。

任应岐的烈士证明申请下来后，想起规模宏大的吉鸿昌纪念馆，我想是不是得做个任应岐纪念馆，让群众也能纪念他。这些年，我共收集有关任应岐烈士的资料上千页，500 余万字，可以说是全国最全的了。

2022 年 9 月 30 日，烈士任应岐的女儿任秀霞领到父亲烈士证，马昶红为后右二

我在家说起这件事，我儿子马逸飞刚参加工作两个月，他说，爸，我还没多余的钱，给你一万块钱去办这事。说起来我很幸运，这几十年我沉浸在这件事中，一有时间和钱就往外跑，一点没照顾上家，但两个孩子都争气，考上大学有了工作，对我也很孝顺。

后来鲁山有个爱心人士宗玲玲知道后捐赠了一万块钱，还有个鲁山籍的军旅书法家任福安也捐赠了一万块钱，虽然简陋，初步建起了“任应岐纪念馆”。

河南省人民政府 2021 年 7 月 9 日批准任应岐为烈士，中华人民共和国退役军人事务部备案并上报党和国家功勋荣誉表彰工作委员会，由党和国家功勋荣誉表彰工作委员会办公室为任应岐的家属颁发《烈士光荣证》。于 2022 年 9 月 30 日，国家烈士纪念日之际，在鲁山县第一烈士陵园里隆重举行任应岐烈士光荣证颁授仪式。

迟到了 88 年的烈士证书，终于交到烈士女儿任秀霞的手上。看着激动落泪的烈士后人，我又想起了小时候，父亲给我讲任应岐将军时的那种崇拜和敬佩。

我也想起了母亲的话：总之，做的是个好事。

（口述人：马昶红　记录者：刘霞）

烽火财神

1936年8月20日，在奉天（沈阳）浑河，日本宪兵队枪杀了四名中国人，罪名为“反满抗日”“共产党”罪，事后奉天所属报纸，在显著位置刊登了这一消息。

这四名中国人，两名来自奉天共荣中学，38岁的王殿玉和28岁的陈晶石，还有两位来自奉天启东公司，一位是42岁的公司副段长许象久，一位是39岁的总经理杨子平。

四人在奉天的大街上被囚车拉着，游街整个上午，最后在浑河边被日本人残忍枪杀。其中，杨子平是我的叔叔，他是我父亲杨建民唯一的亲弟弟。

惨案发生那年我6岁，对这一横祸所带来的灾难依稀有些记忆了。叔叔被杀害后，爷爷急得半身不遂中风不语，祖母无处申冤，哭瞎了眼睛。

我们偌大的杨家从此走向了衰败。

一、叔叔的秘密

我最后一次见叔叔，是在惨案发生一年前的山东老家。那天看到叔叔从村口走过来了，叔叔见我就问，你爸爸在家吗？

我说在。叔叔说，你去叫他来。

我就回去叫，“爸，叔叔找你。”

我蹲在门口看着叔叔和父亲在那里说话，说什么我也不知道。他们两兄弟就在晒场上走呀走呀，走了好久。叔叔没进家门就走了。

1932 年，杨先让与大姐在家乡养马岛合影

印象中叔叔总是特别忙，很少回养马岛老家。我很好奇他这次回来为什么家门都不进，连近在咫尺的老母亲也来不及探望就走了。

让我没想到的是，这竟然是我最后一次和叔叔见面。

我们老家在山东烟台市牟平区养马岛中原村，养马岛据说是秦始皇养马之地而得名。这是个海产丰富的小岛，岛上的人们自古就有经商的传统，家境殷实者众多。

我们家就在村子最东边的一个大四合院，南面是大海，北面山前就有一口老古井，是村里的风水宝地。我爷爷杨翼之在朝鲜仁川做绸缎批发生意，我父亲杨建民在哈尔滨开创油坊，我记事起，家中有四个丫鬟，都是打小从朝鲜、北平买来的。

叔叔杨子平 1897 年出生后，在养马岛无忧无虑长到 14 岁。1911 年，叔叔被爷爷送到烟台就读英美人主办的实益学馆，专攻英语和商业，19 岁以优异的成绩毕业后，叔叔来到了奉天。

刚开始，叔叔跟着英美老板跑腿打杂，慢慢做到司账、掌柜，后来任英美颐中烟草公司东北总代理，并设立数处分行，事业如日中天。

在奉天，叔叔还和朋友创办了萃平俱乐部，这个俱乐部是当时东北军高层、日本头面人物，还有俄国人聚会谈事的地方。

记忆中的叔叔特别潇洒，经常是西装革履，典型一个资本家形象，他还是奉天第一个买双轮摩托车的人。

但奇怪的是，叔叔做这么大的资产，家里却经常入不敷出，回家常叹气。婶婶以为他有了外遇，夫妻俩吵过也闹过。

其实不仅婶婶，家里其他人也无法理解，叔叔的钱到哪里去了？直到叔叔被杀害，罪名是“共产党”，才知道他光鲜潇洒的背后在为革命奔忙，才知道他凭借着体面身份的掩护，在东北上层社会穿梭自如，是为了获取有价值的情报，为隐蔽战线发挥重要作用。

叔叔性格耿直，对日本在东北的侵略野心早有不满，但是他为什么会相信共产主义呢？很久以来，在我们家中是个谜。

我的父亲更是一直误以为他的弟弟加入的是“国民党”，因为我爷爷就是同盟会会员，父亲曾对我说过：“我胆小，不像你爷爷和叔叔，参加什么党派。”

叔叔被杀害后，婶婶坚决不在奉天住，要求回老家养马岛。婶婶是祖母的娘家人，和我祖母一样，一直是个厉害的角色。婶婶人还未到，先运来一大批箱子，外人以为是装了宝贝，其实都是空的。养马岛上我们一大家子，除了五六岁的我全是女眷，兵荒马乱中被土匪给盯上了，家里的细软被洗劫一空。

叔叔牺牲一年后，抗战全面爆发，全民族都在同仇敌忾赶走日本侵略者，我们一家也只能屈辱求生。为了照顾不治之症的爷爷，1939 年，我们全家乘坐“日高丸”商船漂洋过海向朝鲜的仁川进发。

今后的日子是凶是吉，也只有听天由命了。

二、追讨血债

在仁川的那段日子，我只是个十岁左右的顽童，父亲常奔波于哈尔滨、

1943 年，杨先让与二哥、妹妹、外甥女在仁川别墅前合影

沈阳等地，管教我最多的就是二哥。

我们兄弟几个中最耀眼的就是二哥杨先良了，他英俊聪明，嘴又甜，常不离爷爷左右。战争也改变了二哥的命运，这是后话了。

日本投降之前，父亲将我的祖母、母亲、大哥、大嫂和姐妹送去哈尔滨居住，将我送回家乡山东烟台求学，留下二哥一家守家族在仁川的产业，以及祭扫爷爷的坟墓。

1945 年，杨先让于烟台二中

到 1945 年日本正式投降了，国民政府开始清算汉奸卖国贼，父亲请律师写状子，跑北平、上南京，希望当时的国民党政府能为他那死于日寇枪口之下的弟弟杨子平报仇雪恨。

大概是 1946 年，不记得父亲是从朝鲜回来还是从哈尔滨回来，我那时在沈阳上“国立东北中山中学”，父亲就在沈阳开始打官司。

父亲先和强行霸占叔叔启东烟草公司子平商号 14 年的郑岳先打官司，结果打赢了，郑岳先十大罪状，第一罪状就是杀害杨子平。

当时，上海申报、《北平日报》、天津《大公报》都报道“杨子平兄杨建民为弟申冤申诉，汉奸郑岳先法办大快人心”等等。

父亲认为他的弟弟是为国为民被汉奸迫害而死，国民政府应该给弟弟一个交代。他开始伏案写状子，给到南京国民党政府。

父亲认为他的弟弟是为国家牺牲的，国民政府就应该把弟弟作为烈士对待。另外父亲固执地认为我叔叔是国民党党员，所以，父亲拿着我叔叔“反满抗日”的资料，请求国民党政府认证我叔叔为烈士。

这个状子递上去自然是渺无回音。1947 年，父亲只能返回仁川，那里还有家产和快倒闭的商店。

当时还有很多黑势力，官司打赢后也怕遭人暗害。父亲走的时候我去机场送他，只见父亲穿着长衫混在登机的人群中，十六岁的我看着父亲的背影泪流满面。

父亲一直以谨慎小心立身，可他义无反顾回来为他的弟弟打官司，可见父亲并不如他所说的那样胆小，父亲也很勇敢。

在我心中，我的父亲杨建民也是一位勇士，特别是他后来的坚持。

父亲一到仁川，二哥就出发去美国了。之前我们全家离开，将二哥一家人留在仁川，他也无比委屈，一心想回国。

可当二哥坐火车到新义州的时候，东北战事正旺，他只好垂头丧气

烈士杨子平和大哥杨建民

回了仁川，回不了祖国，二哥想赴美国留学。

当时谁也没有想到，便到了美国后，朝鲜战争爆发。二嫂带着三个孩子在朝鲜逃难，艰难度日。

二哥在美国更是完全没了家信，一下说全家遇难了，一下又说成为北朝鲜难民了。

至此，二哥与家人一别十余年，更未料到与我们一别四十多年。

等孤悬海外的二哥再和家人团聚时，无比感慨。二哥是我们家最心灵手巧的，他在美国本来可以有很好的事业发展，几经世事沧桑，他看破红尘，成了一名传教的牧师。

1960 年，身居韩国的父亲再次为叔叔提出申诉，他通过汉城的中国台湾代表处，向台湾当局递状文，要求为杨子平追认烈士。

结果自然是石沉大海。

现在看来国民党当局无意解决犯“共产党罪”的杨子平一案。而我父亲却抱着不为他的弟弟申冤昭雪死不瞑目的决心，一直等待着机会。

1975 年，父亲由韩国移居中国台湾，此时他已年过八旬，知道自己来日无多，可弟弟的冤案何时了？

打了几十年的官司，结果都是杳无音信。父亲心

1965 年，杨先让全家合影

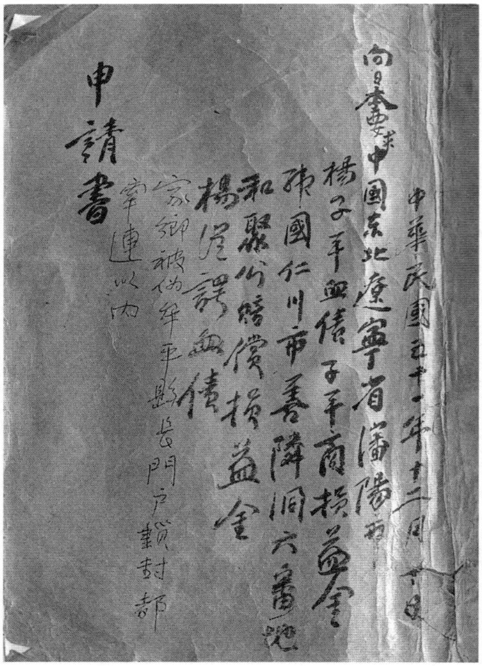

申請書

中華民國五十一年十二月 日

向日本要求中國東北遼寧省瀋陽市

楊子平血債 子平商損益金

韓國仁川市善隣洞六番地

和聚公賠償損益金

楊從謙血債

漂洋过海寄来的烈士追认申请书

想，叔叔为国家而死，那就由共产党和国家去解决吧。

父亲真是费尽了心思，当时祖国大陆与台湾还未通信，父亲写了一封信寄给在美国费城的二哥，由他转到我教学的北京中央美术学院，要我为叔叔申讨血债。

我已经三十年未见到父亲的手迹，再次见，竟然全是关于叔叔的。我也在父亲的书信中，第一次了解到叔叔的事迹。

1931 年 9 月 18 日，日本为了侵略中国领土，阴谋制造了北大营日军爆炸事件，并扶植建立了伪满洲国，东北三千多万同胞沦为亡国奴。

1932 年 5 月 9 日，受国联派遣，英国人李顿爵士率美、英、法、德、意五国调查团，还有中国代表顾维钧，一同到哈尔滨调查日本在“九一八事变”后建立伪满洲国的问题。

为了掩盖真相，日本人提前一个月进行准备，在调查团居住的饭店、可能去的酒馆、医院周围，都安排了密探，伪装成职员和招待，阻止国人靠近调查团说出真相。

五国调查团在哈尔滨的 14 天时间里，200 多人在饭店附近被逮捕，7 人被枪杀。日本军方的命令是，宁可错杀，绝不错放。一个叫金谷的小伙子试图在车站向五国调查团递交请愿书，还没走出三步就被日本宪兵抓住，以“企图行刺”的罪名，剜除眼睛，折断手臂，然后枪决。

1932 年，叔叔杨子平时任沈阳英美烟草公司总代理。他在家里用手提打字机秘密打印了英文揭露材料，利用自己银行家的特殊身份，以及家人在国外的特殊伪装，直接在调查团下榻的饭店宴会厅里用早餐，用流利的英语与李顿团长当面交谈，亲口详述日本人的侵华野心，揭露日本人的滔天罪行，并递交了英文材料。

调查团最后得出结论，没有一个中国人真正拥护“满洲国政府”。《国联调查团报告书》随后发表，否认日本发动“九一八事变”是“合法自卫”，承认东北三省为中国领土的组成部分。我叔叔作为一个有血性的中国人，在还原日本人的罪恶事实方面起到重要作用。

叔叔以为万无一失，没想到有人早就想置他于死地。这个人就是伪满洲“总理”郑孝胥的侄子郑岳先。

郑岳先早年留学日本，后赴美国深造，回奉天后加入杨子平所在的启东商行。郑岳先早就觊觎我叔叔的产业，不知从何得知我叔叔与李顿团长暗中会晤的消息，因而向日方告密出卖了我叔叔。若非他从中作梗，加重了叔叔杨子平的“罪行”，叔叔可能不会被枪杀。

日本宪兵队将叔叔杨子平逮捕后，毒打重刑，押解在城南关军人监狱。七月七日（旧历）游街示众后枪毙，罪名是英美密探及反满抗日共产党。

叔叔被害后，他的子平商行被日本侵华头号间谍土肥原贤二的部下岸木春一及郑岳先夺取，并强行霸占 14 年之久。

家父在书信中字字泣血，写道：“你叔为国效劳，被日寇陷害而死，血债未偿永垂不朽。南京行政院有存案，你在北京声明日寇陷害你叔杨子平惨死，追讨血债。请求权人杨从中字建民。原籍山东省牟平县养马岛东中原村人氏。1975年。”

父亲将这个官司的“接力棒”，递给了我，也只好递给我。

三、沉重的“接力棒”

杨家到我们这一辈共有五个男孩，爷爷依次取名“温、良、恭、俭、让”，加上“先”字辈，就是我们五兄弟的名字了。

当时正值“文革”，我们家被扣上“反动资本家，英美的走狗”的帽子，我大哥、大姐忍受不了批斗而自杀，二哥在美国是牧师。叔叔有两个儿子，大儿子杨先恭在沈阳被捕入狱尚未结案释放，小儿子杨先俭离奇失踪不知生死，两个女儿因父亲受牵连，终身未婚，信了基督教。

整个家族，也只有我能接下这个沉重的“接力棒”了。可那种环境下，谁有心思去关心去控诉日本帝国主义的罪行呢，去为几十年前被日本人杀死的人申冤呢？

我犹豫再三，最后还是鼓起了勇气向院领导述说了实情，并请假去沈阳找叔叔的女儿——我的堂妹杨学菊，一是转达家父的来信，二是一同研究如何为叔叔的冤案昭雪。

到沈阳后，未料到堂妹当时因家庭身份正在监督审查中。晚上她回到家中告诉了我一个意外情况：

1956年，有最高人民检察院的人找到婶婶家，说有一名日本战犯筑谷章造，在抚顺监狱交代自己最大的罪，就是杀害奉天特委杨子平等共产党人。因而最高人民检察院来向家人了解杨子平当年的事迹以及有没有遗物。

婶婶向来人讲述了我叔叔被捕的过程。那是1936年，他们在奉天南市场的住房周围早就被日本宪兵队监视着。到了4月的一天，宪兵队越墙而过，将叔叔逮捕。宪兵队翻箱倒柜，从灯罩中，从厨房地板下挖出秘密文件。

据堂妹回忆，婶婶当时还向来人介绍，叔叔生前经常外出，有时他回家很晚，总叹气，问他也不回答，后来得知是送钱给抗日联军的。

最高人民检察院的人了解完后，让婶婶去当地民政厅办理烈士证明。

等调查的人走后，婶婶却大哭不止，对着子女嘱咐，不让去领烈士证。说怕过年过节敲锣打鼓来慰问军烈属勾起伤心事，婶婶说她只要子女能养活自己就可以了。婶婶在家很强势，子女也不敢违抗，不久婶婶也去世了。

最高人民检察院带来的调查函是“1956年8月18日（56）高检群字第4969号”，后来抄家被没收了。不幸中之大幸，堂妹学菊偷偷记下了函件编号，这为我后来查找叔叔档案提供了很大的便利。

最后堂妹悄悄告诉我，有一个同事是审查她的，曾调查过叔叔的事。同事偷偷告诉过堂妹，北京中央档案馆有叔叔杨子平被捕时的敌伪档案和战犯交代的记录。

抱着对叔叔的敬佩心情，我回到北京后，即持家父杨建民的来信，向中央文化部及中央美术学院人事处提出申请，请求协助办理叔叔杨子平的惨案。相关部门对家父在来信中提出的为其弟弟共产党员杨子平申冤一事也很重视。

在我的请求下，1979年我院人事处派了两位干部，持由文化部开的介绍信前往中央档案馆，查1954年以来在抚顺审查日本战犯所交代的杀害杨子平的口供记录。

档案十分容易地被找到了，档案馆的人还说了一句："我们以为杨子平没有后人了呢！"

感谢中央美术学院人事处的两位干部，当即将1936年日寇枪杀杨子平的全部敌伪档案，以及1956年在抚顺审讯日本战犯筑谷章造的口供记录全部复印带了回来。

筑谷章造曾任伪满时期的奉天警察厅特务科长，是1954年由苏联遣送到中国东北抚顺拘留所的日本战犯。他交代自己最大的罪行，就是1936年亲自指挥侦察逮捕、审讯并枪杀了奉天特委经济部部长杨子平等四名共产党人。

根据他的供词，最高人民检察院经过三四个月的审讯、调查、核实，包括询问尚在服刑的了解当时情况的人，结果证实筑谷章造的交代，与从长春和沈阳调来的敌伪档案"昭和十一年（1936年）四月二十一日奉天宪兵委员长，关于检举共产党审讯状况报告'通牒'三号证据材料"中的相关内容完全一致。

1935年（伪满康德三年、日本昭和十年）3月，沈阳警察厅特务科长筑谷章造的部下特务股长盐塚来报，说奉天城里居住的一个中国人与共产党有关系。筑谷章造即命令侦察逮捕，经过严刑拷问，判明了奉天特委负责人与地下共产党组织概况。

由筑谷章造亲自指挥领导全盘行动，将特务科、司法科及警察署特务系人员30名，编为三个班，令盐塚为班长，于1936年4月上旬某日清晨，在奉天城内外共荣中学和启东烟草公司等地一举逮捕了以王殿玉、杨子平为首的奉天特委及满洲省委人员78名，后又逮捕了"一分会”牛光仆、刘国华等有抗日嫌疑者，关押在沈阳警察厅监狱内，实行惨无人道的毒打、灌凉水和辣椒水、手指夹铁棒、钉竹签、过电、火烧脖子、猪鬃探尿道等严刑拷打。

结果判明其中杨子平、王殿玉等十一名是共产党人。后移送到奉天地方法院检察厅，判杨子平、王殿玉、陈晶石、许象久四人死刑，判许佩玉、白曼秋、王重谦、黄克勇等七人为长期徒刑。

1936年农历七月七日午后二时，宪兵队会同第一军区司令部陆军监狱长，到奉天郊外浑河对奉天特委杨子平、王殿玉、陈晶石、许象久执行死刑，并让王重谦、李佩然、黄克勇等40人一同前往站在一旁陪刑。还有被宪兵队活埋者一名，由于受不了酷刑死于狱中者三名。

当我手拿数十年前叔叔在日寇监狱中所受残酷拷问的记录时，大哭不止。

不知叔叔杨子平何时加入了共产党，到他牺牲的时间里，上不告父母，下不告妻女，这些日日夜夜，没有家人的理解，支持他走下去的唯一力量，就是那遥远得几乎看不到的灯塔，那是他唯一的信念——救国。

这样一位如此有血气的大丈夫，为国为民族而牺牲的英雄，既然是作为共产党奉天特委经济部部长而死，理所应当有个烈士证明，并被历史记住。

婶婶之前由于感情用事而拒绝办理烈士证明，不等于叔叔为国而被杀就不是烈士了，何况“文革”中又将叔叔诬陷为“英美走狗反动资本家”，儿女们受了牵累，理应还叔叔一个英名。

四、执着申烈路

我与中央美术学院人事处商量研究，拟了个申诉报告，并附上从中央档案馆复印的有关材料，寄给了沈阳民政厅。

两个月后沈阳民政厅将申请件退了回来，上面批有一文说："杨子平问题应到本单位去解决。"

不单我被弄糊涂了，我们学院人事处也不明白此批文是何意。然后我们一起重新审查写的申诉报告是否有不清楚的地方，确认无误后又再将材料寄沈阳民政厅。结果还是被批了回来，让杨子平所在单位解决。

这使我忽然明白了，他们没有看清楚我的申报，他们一定是将1936年看错了，看成当今的案件了，误以为杨子平是"文革"中被害，因为当时也的确存在不少"文革"中的冤案正在申诉。

美术学院人事处建议我带上材料亲自跑一趟沈阳民政厅。我约了在哈尔滨当中学校长的二姐杨学英同往，以便有个商量。

1980年春节前夕，我们前往沈阳，找到民政厅大门口，门卫通报后回来告诉我们说："不是早已告诉你们到本单位去解决吗，你们怎么又来了。"

我再三要求见负责人一面，他们只好让我们进去了，上了楼见到两个人，他又说："怎么搞的，不是告诉你们在本单位解决吗，你们这不是无理取闹吗！"

我当时火冒三丈，狠拍了一下桌子，提高了嗓门："杨子平的单位就在这里，如果我叔叔知道他是为你们这些当官的而死，未免太不值得了，你睁开眼再看看！”

负责人一时被镇住了，重看杨子平被害的年月日后，他呆住了，知错了，尴尬地笑了，才说了“对不起”“疏忽了”等抱歉的话。

我无奈，只好问怎么办？

他们说 1956 年经办的人都找不到了，让我们去找辽宁省组织部，那里是管地下党和负责烈士手续的部门。

我们只好回去重新申报到辽宁省组织部。在此期间我又托朋友给辽宁省组织部门负责人写信，我再跑沈阳登门找他们帮助办。从此又无回音。

1982 年家父移居美国，又一再来信询问。第二年，二哥让我赴美探望分别近四十年的老父。

为了叔叔的事向父亲有个交代，我请中央美术学院人事处和党委，

1983 年，杨先让在美国与父亲、哥哥合影

向辽宁省组织部催问，回复说正在调查中，无奈。

在美国期间，90 岁的父亲不止一次向我表示，希望在有生之年能见到弟弟雪恨，否则死不能瞑目，他曾亲自给辽宁省组织部去信陈诉。

我跟父亲说起了老家，我说养马岛现在不用招手舢板来回坐小船了，已经修了一条填海的道路，父亲的眼泪哗哗就流了下来。我知道父亲也想自己的家乡，所以他才会为他的弟弟这么奔走。

我回北京后，又接到父亲亲笔给时任党中央领导的信，申诉至情至理，我读后数日食宿不安。

可悲，家父于 1985 年 8 月在费城过世，他未能为叔叔的案子瞑目，呜乎哀哉！

在我的来回奔走下，杨子平叔叔的案子惊动了当时的国家领导人，批示对案子做处理。

1985 年 8 月 10 日，等来辽宁省民政厅给辽宁省组织部的报告，里面说："关于中央美术学院杨子平（此处误将杨子平当成中央美术学院的人了）能否按抗日爱国人士批烈士问题意见如下：

一、杨子平不能说确因对敌作战牺牲。二、看不出他有什么明显的抗日活动，只有一人'听说'他曾向联合国调查团团长谈过话，打过报告，至于说没说谈话内容均不清楚，也看不出是由于参加抗日活动而被日寇杀害的，因此我们意见是不宜追认为烈士。"

接着中共辽宁省委组织部给中共中央组织部办公厅也来了报告，说他们研究了一切有关材料，并先后找了原中共奉天特委书记夏尚志、原启东烟草公司烟厂党支部书记孙星五、原启东烟草公司老职员子平商行的柜伙曲克敏和于镜波，还查了与杨子平同狱人的档案材料，从调查情况看，没有发现杨子平与我党有任何联系，也没有发现杨子平有反满抗日的活动。

我们在北京找夏尚志了解过，他当时 21 岁，1935 年就离开沈阳，叔叔杨子平的情况他根本不知道，至于其他的人，我更感觉到不具有参考性，参加地下党组织连父母妻子都要求保密，普通职员岂能证明地下共产党员的活动。

看着这些，更加敬佩地下党人的伟大的品质。

报告中又说："1936 年 4 月日寇以共产党嫌疑分子将杨子平等多人逮捕，英国驻日本大使曾向日本提出抗议，后经日本宪兵队严刑通供诱供，杨子平承认自己是中共奉天特委财务部长，于同年八月日寇以反满抗日罪将其枪杀，并没收了杨子平存款五万多元。接到（85）群字 121 号函后，我们对杨子平问题再次进行了研究，认为杨的案件已无线索可查，因此不能按我党烈士对待，也不能以爱国人士身份追认烈士。"

叔叔的冤案看来已走进了死胡同。十来年的努力，竟得到这样一个结果，使我感到悲哀。我辜负了家父的生前委托，我像打了一场败仗，似乎已丧失了元气，再也无能为力了。

五、柳暗花明

1986 年，我正处在垂头丧气的情绪之下，妹妹杨学芹从西安美术学院离休来到北京，看了叔叔的材料以及辽宁省的结论信件后，说她要亲自跑一趟。

妹妹便请中央美术学院和全国华侨联合会开介绍信，带上叔叔杨子平所有的材料出发了。

妹妹的同学十分帮忙，但结果辽宁省组织部还是维持原结论。妹妹回到北京后找她的老上级帮助，与我一起重跑最高人民检察院和民政部，还找了中央档案馆。

从相关部门都得到证明，1956年审查日本战犯有关杨子平的案件档案属实，并证明当年最高人民检察院确实找过杨子平家属，要他们到当地民政部门去办理烈士证明一事。

此时，辽宁省党史编写组来人，将叔叔杨子平事件抄写去，准备写入东北党史。来人透露给我们，当年的地下组织活动有很多，很多被视为托派而不能被承认。

我们确实不了解当时奉天党内的情况，可是，日寇可不管你是正统或托派，只要是抗日的就要打击迫害。中国爱国人士当时为了抗日反满，为了民族国家，也不会去辨认你是党内的这个派那个派。

我深感对不起死去的叔叔和父亲，无法向死者交代。最后与妹妹商量，按照有些老领导给我们的建议，抱着一线希望向自己家乡的山东省民政厅去申报。

我将叔叔杨子平的所有材料亲自送到了位于济南市的山东省民政厅，不知还会出现什么样的结果。

万万没想到，很快有了音讯，通知我们说山东省正在编写早年共产党活动事迹，杨子平的事已查明，正交山东省牟平县组织部办理烈士证明。

1987年8月1日，牟平县人民政府正式批来“关于追认杨子平为革命烈士的决定”。不仅如此，他们又经过进一步的深入调查，告诉我叔叔杨子平是牟平县最早参加共产党的革命者，早在1929年就加入共产党。

家乡政府感激我及时将杨子平事迹材料交给了他们，好像雪中送炭。家乡人不但没有为难没有怀疑，反而感到杨子平是家乡人的光荣和骄傲。这使我感慨万分。

后来，哈尔滨东北烈士纪念馆也要了叔叔杨子平的事迹材料。

这场五十余年我们杨家两代人的接力，一宗因抗日反满被日寇枪杀的大案总算有了结果，杨子平作为为国牺牲的烈士而终于被承认了。到此为止，我不知叔叔在天之灵安息了吗？父亲能瞑目了吗？

2011 年，我将爷爷、父亲的骨灰迁回老家和叔叔安葬在一起。叔叔杨子平身为一个民族资本家，在异族侵略下，毅然参加了抗日的中国共产党，与全国人民一道共同抗击日本帝国主义，最终为国为民无畏地牺牲于敌人的枪刀之下，他死而无悔。因此作为一个革命的爱国者，他理应受到后人的尊敬，更应该为自己的同胞所爱戴。

叔叔杨子平的烈士身份得以确认，这是历史的必然。社会总要前

2011 年，杨先让将爷爷与父亲的骨灰从国外迁回家乡

进，是非总会分清，任何错误的东西总是不能长久的。但是，我们的国家和我们的人民一百多年来经受的苦难太多了。

在纪念中国人民抗日战争暨世界反法西斯战争胜利 80 周年之际，我已经 95 岁，重提叔叔的故事，就作为一段历史的存照吧。

［口述人：杨先让（女儿杨阳全力协助） 记录者：刘霞］

母亲的遗愿

母亲去世十几年了，很奇怪，我从来没有梦到过她。那晚，我终于梦见她了。

梦里，她住处狭小，床铺只是几根木条，上面铺着一张烂床单。怎么会是这副样子？我心疼地流下眼泪，拉着她的手，问她：“妈妈，您的背脊骨痛吗，断了没有？您冷吗？离这里不远有一家弹棉絮的，我去买两床新棉絮给您铺上。”

母亲没有说话，只是冲着我微笑。我抹掉眼泪，起身，要去给母亲买棉絮。结果梦醒了。母亲不见了，只有我满脸的泪水。

母亲在世时，我总觉得她不会离开我，我没有尽到孝心，也没有好好地陪伴过她。如今连我自己都已经到了耄耋之年，好不容易梦见了她，没想到在梦中尽孝都难以实现了。

子欲养而亲不待。我教书育人一辈子，也是到老，才真正明白这个道理。

一、千里寻夫

母亲姓段，湖南益阳人，家中原有兄弟姊妹 11 个，夭折了 3 个。活下来的子女中，母亲排行老五。生下她时，外祖母觉得已经生满了额，所以取名“满妹子”，没想到在母亲之后又多了三个孩子。

外祖母靠着看守段氏宗祠，带着一家人住在祠堂公屋里，种着两三亩的公田。种地人都是靠天吃饭，遇上连年水灾或是病虫害，粮食几乎颗粒无收，一家老小艰难度日。遇上揭不开锅的时候，外祖母就带着孩子们出去乞讨。

母亲六七岁时，她的姐姐们都先后送给别人家做童养媳了，剩她和外祖母分担着家里的担子。挖野菜、帮人看牛、织麻纺纱，只能换得极少的粮食，掺和着野菜就拿来填肚子了，饥饥饿饿地打发着日子过。

13 岁那年，母亲也和她的姐姐们一样，被送给一户周姓人家做媳妇了，丈夫周载云比她大三岁。周家条件其实也不好，母亲仍旧过着饥一顿饱一顿的苦日子。周家是个大家庭，上有祖父母、伯父母，还有三个姐妹。母亲小小年纪就要学着料理家事、侍奉老人，学着处理妯娌姑嫂之间的关系，真的难为她了。

母亲 16 岁那年，村子里发生严重水灾，家里的房屋都被冲走了，全家暂住在老家周家湾。地里粮食肯定是颗粒无收，留在家里也没有别的活计，亲戚喊我父亲跟着他去当兵。

父亲还在被水淹过的祠堂里打扫，突然就被喊回了家，说走就走了。父亲人老实，话也不多，虽然心里不太情愿，但为了减轻家里负担，还是简单收拾了一套土布衣裤、一双旧布鞋，赤着脚就跟着亲戚离开了。

母亲已经怀了孕，纵使心里千般不舍，但在这种长辈多的大家庭里她也说不上话，一句话也没说上，只能望着自己的丈夫离开。

父亲走后的那年冬天，我出生了。

水灾后新搭起的茅草屋，用茅竹做的墙，四处漏风，大冬天里人在里面瑟瑟发抖，母亲就是在这样的环境里坐的月子。营养就更谈不上了，连饭都是长辈们省下来给她吃的。最好的营养就是祖父在深水田里用赶罾捞取的一碗小鱼小虾。

那个年代缺医少药，天花、麻疹流行，小孩子能长大很不容易。伯父家的几个孩子先后夭折了，我成了周家这一代里第一个存活下来的小孩，所有长辈都格外关爱我，曾祖母更是怕我有闪失，晚上要抱着我睡。

这也给了丈夫不在身边、初为人母的母亲几分安慰。

父亲每年会给家里寄几封信和一些钱来，在其中一封信里，他还特意给我母亲取了个正式的名字。从此我母亲再不叫“满妹子”，她终于有了自己的名字了，叫段丽辉。

这是她日思夜想的人给她取的名字，她很高兴，觉得父亲没有忘记她，心里也更加期盼着见到丈夫了。

家里人说父亲在我 3 岁时曾回过一次家，但我对此毫无印象。

一晃又过去了几个年头，见着母亲年纪轻轻独守空房，祖父母也有意让母亲去部队寻找父亲。可在那兵荒马乱的年代，谈何容易。一来家里筹不出路费，二来母亲一字不识，出了老家连往哪个方向迈步都不知道。

到1935年正月，大姑母患病在长沙住院，当时大姑父正在德国留学，就由我母亲去照顾。带我父亲去当兵的亲戚就是我的大姑父，名叫刘璠，黄埔军校一期毕业生。

母亲到了医院，手术时还给大姑母输了血，结果大姑母还是因医治无效过世了。姑母去世后，姑父的两个同事太太，可怜我母亲丈夫不在身边，便将姑母生前放在她们那里的钱，扣除了丧事花销，交给了我母亲，作为照顾病人的报酬，同时，大姑妈留下的两个女儿，母亲也带回来一起抚养。

有了这笔钱，家里又变卖了几担谷子，母亲这才凑齐去找父亲的路费。可长辈还是不放心，担心路上缺个同伴。正巧那附近有一户钟姓人家，其丈夫和我父亲是同一个部队的，她去过四川，现在又准备去找丈夫了，便联系了我母亲结伴而行。

刚一入冬，两个女人便出发了。

临走前母亲跟我说，她没有出过门，也不知道能不能找到我父亲，回不回得来家，所以就不带上我了，叫我留在家里听话，那年我9岁。

母亲动身的那天，阴雨绵绵，天刚亮她就随伯父还有另一位亲戚踏上了泥泞小路，前往铁角咀乘船到长沙，与同伴会合，再同往四川。我看着母亲在细雨中艰难行走的背影，心情很沉重，但没有哭出来。

她们一路要翻山越岭，有时步行，有时坐划竿（两人抬的竹椅子），饥一餐饱一餐的，一天也走不了多少路。

几十年后母亲同我回忆起这段日子，说她当年在路上，人生地不熟，非常想我，非常想家。每天黄昏，她都会望着自己走过的方向流泪，很伤心。

两个小脚女人走了一个多月，终于到了西康省康定县，父亲的部队驻地。

我父亲读书虽少，但人很聪明，又凭着姑父的关系，当兵几个月后也考取了黄埔军校，是第六期的学员，毕业后被分配在了国民革命军第 53 师 318 团 3 营，后来当上了机枪连长。

西康是老山区，当地非常贫穷落后，父亲在部队里都是吃杂粮和藏民的食物，日子过得也很艰苦。两夫妻离别多年，一见面就对着哭，感情尤胜新婚。

部队打仗要时常转移驻地，母亲也只能跟着走，裹着小脚，想多难就多难。不久后母亲怀孕了，行程更加艰难。部队后来到了重庆巴县，我弟弟就是在那里出生的，父亲索性以地为名，给他取名周巴生。

那是 1937 年农历三月，几个月后，抗日战争全面爆发了。

二、打完仗丈夫就回来了

我记得这年农历九月的一天，天黑得很早，阴沉沉的，风吹得茅屋都瑟瑟颤抖。我们一家人吃过晚饭，关上门准备睡了，突然传来了敲门声。开门一看，只见母亲抱着个小孩出现在门外，后面还跟着一个挑行李的人。

家里早得知了母亲生弟弟的消息，祖父母高兴得合不拢嘴，大家见弟弟白白胖胖的，很可爱，都抢着抱呀、逗呀的。

只有母亲脸上浮着一层愁云。她说，父亲的部队奉命去了上海抗日前线，家属都遣散回家了。他们同船到了城陵矶，母亲她们在那里转船回家，父亲则跟着部队直接随船走了。

“早听他们同事在一起时说，日本鬼子敢欺负我们中国，就坚决把他们赶走……他们是自愿申请去前线的。”

“到了城陵矶，我们下船，他抱着孩子默不作声，亲了又亲，舍不得，眼睛都红了。”母亲说着也红了眼睛，声音也哽咽了。

农历十月下旬的一天，一个亲戚来到我家，跟祖父母说前方来信，父亲所在的部队牺牲巨大，他和那位钟姓战友都负了伤，转移到了后方，现在长沙治疗。

来人叫我伯父过去看看。听到这个消息全家都很惊恐，母亲含着泪也要同去，长辈们把她劝住了，让伯父一个人去了长沙。

几天后伯父回来了，跟母亲说父亲伤得不重，只有手脚被枪击中，精神还很好，正在医院治疗，说父亲想叫母亲带着弟弟去看看他。父亲还活着，母亲很开心，可又担心他身负重伤，第二天就跟着伯父去了长沙。

母亲不知道，所有这一切，都是伯父编造的谎言。

母亲到了长沙才知道，我的父亲没能从战场出来。伯父回来要带我母亲和弟弟同去，是因为部队留守处办理抚恤手续要求妻子儿女亲自到场。伯父担心母亲承受不了，只能骗了母亲。

母亲得知真相，瞬间如五雷轰顶，整个人都傻了。

伯父领着她办完了有关的手续，拿到了一次性抚恤及埋葬费800元，常年抚恤费每年360元。这不是一笔小钱了，是父亲的命换来的。

曾祖父母、祖父母知道真相后更是大哭不止，全家人不吃不喝地沉浸在悲伤里。在那荒凉的乡间，在低矮的茅屋里，凄凉的哭泣声断断续续。这样的画面在我的童年记忆里持续了很久，我都不记得到什么时候才逐渐停止的。

伯父劝母亲说，这笔抚恤金不能瞎用掉了，应该买点田，以后也好生活。母亲听了他的建议，却没想到这为以后留下了祸根。

父亲牺牲时我 11 岁，弟弟才 6 个月大，我们都对父亲没什么印象，对所谓的父爱缺失更是懵懂无知，但这却是母亲心底最深的痛楚。

虽然是亲自跟着大伯办理的抚恤金，可她心里其实还抱着一丝希望。母亲想，打那样大的仗，和部队失散了也是很有可能的，可能等仗打完了，自己的丈夫就回来了。

母亲这样安慰自己，也是这样安慰祖父母的。

父亲不在，母亲费尽心血地对我们好，想把缺失的父爱一并补回来。

母亲一个人养活一大家子人，家里情况依旧不好。年成好的时候，尚且可以吃饱饭，若遇上灾年，就得计算着过活，从秋末开始就每天只吃两顿饭。

我年纪小长身体，到晚上总闹着要吃饭，母亲都会留一小碗给我。吃米饭粮食是不够的，有时候就得混着蚕豆吃。蚕豆皮硬，我哭闹着不肯吃，母亲就把她碗里的饭挑出来给我，自己只吃蚕豆。

母亲营养不够，弟弟小时候没有奶吃，母亲就用一个小瓦罐装上米，放在灶肚里煨成稀饭给他吃。

烈士周载云的遗孀段丽辉

但凡我们姐弟有个三病两痛，母

亲都急得吃不下饭，抹着眼泪为我们找方子，替我们祈祷。在母亲的精心照料下，我和弟弟也一点点长大了，身体也不比别人差。

印象里，母亲总是穿着一身黑色或白色或蓝色的土布衣裤，上面打着补丁，不管春夏秋冬，总是天微明就起床，煮饭、扫地、绞把子、种菜、喂牲口。不仅如此，还要管全家人的衣服浆洗、缝补、纺纱、绩麻等各种家务事。

她那一辈妇女都裹过小脚，不能下水田，在双抢季节就负责晒谷、车谷。记忆中，母亲戴着一顶破斗笠，顶着烈日在晒谷场上穿梭，谷子晒干后再用风车吹干净。母亲个子矮，一大撮箕谷端上风车很要力气，浑身衣服都被汗水浸透了。

1945 年抗战胜利，日本宣布投降，全国都在庆祝，但母亲却失望了。如今仗真的打完了，自己的丈夫没有回来。

母亲还是没有死心，她一直关注着国内形势的变化，为父亲的下落设想了各种可能性。她想，会不会加入了共产党呢？这一度成为母亲活下去的信仰。

想到将来父亲要回来，母亲总想把我和弟弟收拾得干净漂亮。小时候一到过春节，亲戚们会给个几角拜年钱，如果家里不是太艰难，母亲就会走上几十里路，给我们买几尺布缝件新衣服。有时也用她自己纺的纱，染成红色，织成条纹布、格子布给我们穿。

母亲只会做便衣，为了把我们打扮得时髦些，就跑到十几里外的小镇上，到裁缝店里，用纸剪下衬衣样式，回来再自己比对着剪裁。缝好后给弟弟穿身上，左看右看，高兴得笑眯眯的。

母亲小时候家里太穷，没接触过绣花一类的精细活，大伯母会绣花，给她自己孩子绣的一顶莲花瓣的帽子很好看，母亲特别羡慕。她想请教大伯母，又怕她笑话，就自己不时地偷偷看一眼。终于被她知道了原理，原来把绣好的莲花用米汤贴在碗盖上，干了后就是弯弯的莲花瓣样子。

母亲高兴地照着样子试做了顶帽子，真成了，往我头上一戴特别漂亮。

等我 60 岁时，母亲跟我回忆起这段，脸上还能露出当年的喜悦。

三、妻子的期盼

母亲没有文化，一辈子最佩服有文化的人，对我们姐弟的学习抓得很紧。她早上起得早，就把我们也一起叫醒，或读书，或做事，总之不准我们睡懒觉。母亲虽然不识字，她会听、会看，有自己的一套评判标准。

我早起读书，如果母亲听到声音不流利，就会走过来说我没有专心；写毛笔字时，她看墨迹清淡，也要说我敷衍，墨没有磨浓；打算盘时手指笨了，她就要说我没有认真不熟练。

弟弟有一次发懒，不肯去上学，别人说孩子小，休息一天也没事。但母亲坚持，硬是拿着竹竿子把弟弟强行“赶”去了学校。在母亲的严格监督下，我和弟弟后来也算学业有成。我成绩一直不错，一路往上读，新中国成立后被保送去了武汉大学，毕业后成为一名教育工作者。弟弟小学毕业后进了技校，虽然书读得不多，但文化功底一直不错。

到 1949 年新中国成立后，父亲还是没有回来，还是没有音信，母亲又失望了一回。

此时母亲刚过不惑之年，却已经过早衰老，乌黑的头发开始花白，脸上刻上了皱纹，牙齿也开始松动了。无论从内心还是外表上，记忆中母亲似乎从来没有过青春美好的时光。

土改时，因为当年拿父亲的抚恤金买了几亩田地，我家被划成了富农，母亲的行动开始受到管制。母亲胆小，怕要坐牢，不得已把父亲当年寄回来的遗物都烧掉了。

不过母亲也从来没有承认过那是遗物，她仍旧相信，父亲还活着，总有一天要回来的。

亏得母亲平时与人为善，邻里间谁家有个事情请帮忙，她从不推辞，还常帮人家缝缝补补，照顾小孩，自家不缺吃的时候，也会接济邻居一些，所以虽然被划了成分，母亲也并未受到大的批斗。

1953 年，我生下了第一个孩子，孩子未满 3 岁，我被保送进了大学。为了支持我的学习和工作，母亲一直在乡下老家帮我带着大女儿，直到我大学毕业分配在常德工作，才将母亲和孩子一起接来。

母亲和我在一起生活了十年，那时候我和丈夫工作都忙，长期出差在外，都是母亲帮我们带孩子。煤、米、菜都是她一个人买回来，做饭、洗衣也都是她自己干。那年代还没有自来水，我们住在街道宿舍，每天只买一担河水，省着用。母亲到河边洗衣服，总是一头挑着衣服，一头挑着一小桶水回来，直到我女儿长大些，才能帮着代劳。

被子、衣服都要布票，我们的衣服烂的多，好的少，母亲每天晚上身边就放着针线盘，坐在灯下缝缝补补，做鞋子、纳鞋底，把孩子们收拾得干干净净、整整齐齐的。

我和丈夫当时的工资也不多，平均一个人 19 块钱，吃穿用全靠母亲精打细算。不过一家人聚在一起，总是一个家，母亲虽然还是操劳，精神状态却比以前好多了。

外面政治运动一个接着一个，有时宽松，有时风声紧，因为母亲富农的身份，我们两次搬家，被迫迁出机关大院。到“文革”时期，母亲不得不再次独自迁回老家，我连送送她也不可以，母亲一个人时期带着简单的行李离开了。

环境如此艰难，但母亲也活得有信心，她依旧想着父亲没死。她又想，也许去了台湾呢?

母亲回去只好暂住在舅父家，之前的房子被生产队使用了。舅父是贫农，村里人对我母亲也是知根知底的，大家都没有为难我母亲。

后来按照政策，生产队空出了一间房，母亲便搬回了自己的老家。母亲那时已经年过六旬，无法参加农事劳动，就由我们姐弟凑钱给她买口粮、买柴炭。母亲还是一如既往，除了忙自己的事，也常帮邻居看孩子、缝衣、绩麻、纺纱。

母亲离开后不久，我也随着干部下放大潮去了另一个大山区，我的大女儿还不到16岁，也随着知青下乡了，丈夫则下放到了一个二厂。一家人就这样分散在各处。

三年后我回城，也被分去了丈夫的工厂，我们便就此在那边安了家。我心里惦记着母亲，但当时的政治环境还很紧张，我又是刚下放到一个新单位，处处要低人一等，也不敢请假，只能让我女儿带着两瓶油去看望母亲。

终于第二年初夏，我到益阳出差，借着机会回了一趟老家。母亲一直有一个习惯，喜欢站在门外远望，等着离家的丈夫和儿女归来。

我回去时正是耕种季节，田里人不少，但当我出现在那条归家的田间路上时，母亲还是一眼就看到了我，连忙迎了上来。我也老远就望见她那瘦小的身影，走到近前，两个人满眼的眼泪，一时不知道说什么。母亲的门牙掉了，显得更加憔悴、苍老。

母亲住的一间屋子，前半部分是床铺，后半部分做饭，几样简单的炊具、碗筷，放在一个木包装箱里。她在院子里自己种了些菜，水是去池塘里挑，如果有个三病两痛的，就只能熬着。

东头的六嫂见我回来母亲家里没有菜，特意用小桶提了一小坨腊肉悄悄送来。还有义嫂、西头的生产队长一家、厚嫂、高叔，都对我母亲很是照顾，我很感激他们。我陪着母亲睡了两晚，又匆匆离开了。

母亲一个人在老家住了三年多，因为我弟弟和弟媳工作忙，几个小孩无人照看，弟媳便冒着政治风险，跟干部说好话，终于把母亲接去了他们在株洲的家，一住就是二十四年。

烈士周载云的儿子周巴生夫妇与从台湾回来探亲的表姐妹刘丽霞、刘文霞（刘璠女儿）在长沙合影

20世纪80年代，海峡两岸开放台湾同胞赴祖国大陆探亲，一年冬天，两个之前去了台湾的表妹回大陆来探望我母亲。她们的父亲就是我的姑父刘璠，姑母病逝后，两个表妹都是我母亲照顾的，一直到新中国成立前期，她们才跟着父亲去了台湾。这么多年，两姐妹一直不曾忘记母亲的养育之情。

看着两个表妹，母亲叹息着对我说："原以为你父亲到台湾去了，现在去台湾的人都能回来了，看来你父亲没有生还的可能了。如果他人还在世，也才80岁，一定会回来的。"

母亲这次真的绝望了，盼了几十年的丈夫是真的牺牲了呀。

四、血洒小南翔

1996年冬，母亲感冒不适，此后便一病不起。春节前我去看她，母亲精神还可以，只是不敢下地走路。我扶她去阳台晒太阳，帮她把头发剪短了，她笑着说："这就舒服多了。"

那几天里，母亲的病情好了许多，我也就回去了，听弟弟说，春节时母亲还起来和全家一起吃了团圆饭。年后，母亲的病情又加重了。农历三月中，我带着二女儿去看她，她已经有些迷糊，但还知道嘱咐我保重身体，接着两天似乎又好了些，能吃下小半碗麦片粥了。

三月十五日是我弟弟60岁的生日，我们把母亲扶起来坐在床上，所有人围在她身边照了张相，这也成了母亲最后的留影。母亲在清醒时曾对我说，梦里看见我的外公、外婆还有祖父母了，但不知道他们在的是什么地方。停一会儿，她又对我说："我现在好多了，不会死了。"我安慰她会慢慢好起来的，帮她换了内衣才让她睡下。

第四天晚上母亲仍是昏昏沉沉的，我帮她盖上被子她又掀开，嘴里哼哼唧唧说着“我要回去”，自那以后再没清醒过。

农历三月十八日，上午母亲只喂下了几勺开水，尿也失禁了，我和弟媳不时地给她换尿布，再然后大便也失禁了。下午5点钟，丈夫、弟弟、弟媳和我，四个人在客厅里开始商量起母亲的后事。弟弟再走进房间时，母亲已经无声无息地离世了。

母亲不识字，而我工作到中学校长，母亲很羡慕有文化的人。母亲生前曾对我说，希望我写一篇文章来记录她辛酸的一生。她临终前两天，我答应了。

没想到几次提笔都没法完成，一晃十几年过去，我也老了，担心一旦痴呆失忆或者撒手人寰，没完成对母亲的承诺，到九泉之下无颜面

烈士周载云的遗孀段丽辉临终前和儿子周巴生夫妇、女儿周潭亭及外孙

对母亲。

2003 年，我开始断断续续地动笔，含泪将母亲一生记录下来给后人阅读。记录母亲的故事，我只希望后辈懂得祖辈是如何生活过来的，从中得到激励。

提笔才后悔，在母亲生前没有好好跟她交谈，很多事情不了解，特别是心里的酸甜苦辣领会得不多。写出的，也只是对母亲和父亲的无限思念。

也就在这一年，我弟弟的孩子，我的大侄子周迎伟，开始做一件我们这辈人想做而没能做成的事，为我父亲申烈。

我和弟弟也想过给父亲申烈。

母亲苦了一辈子，如果能申烈成功，也是个安慰。一去问，申烈需要很多原始材料记录，找起来很麻烦，我们都没有精力和时间弄。另外，也确实不知道从哪儿下手，这事就搁置了。

我和弟弟一生没有享受过父爱，甚至不知道父亲是何模样，是母亲的思念感染着我们，我心底深处也总藏着一种对父亲无以名状的思念。

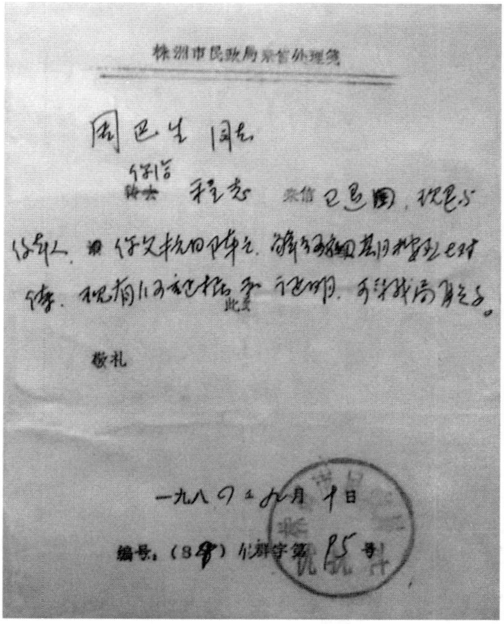
株洲市民政局来信处理笺

周巴生 同志

敬礼

烈士周载云的儿子周巴生收到的回复

渐渐地，母亲的期盼也成了我的期盼，我也开始幻想，也许有那么一天，父亲真的能回到我们身边。但最终，也不过是一起失望罢了。

这么多年，我们甚至连父亲的骸骨埋在哪里都不知道，我也感到茫然。

值得一提的是当年和母亲同去四川找丈夫的老乡，她的丈夫叫钟铭，和我父亲同是53师318团3营的战友。我们两家一直有联系。钟铭的妻子是个文化人，保存了很多材料，在1985年，就给钟铭申报了抗日烈士。

钟铭有个孙子一直致力于研究当年祖辈的战斗经历，他将53师参加小南翔战场的那一段资料搜集整理出来。我们看后才得知，父亲是怎么牺牲的。

1937年，农历九月下旬，国民革命军53师奉命调往上海前线，参加淞沪会战。我的父亲周载云，时任第53师318团3营机枪连连长，正是三十而立之年。

部队从重庆出发，沿长江而下，途经湖南城陵矶，父亲把母亲送下了船，他自己随着队伍于10月6日抵达南京。两日后，53师分批到达江苏句容驻守待命，十日后，第三战区司令部发布第五号令，决定正式举行蕴藻浜两岸大规模反击战，53师遂奉命紧急调往淞沪战场。午后父亲所在的队伍便乘着火车抵达昆山，随后紧急进入老人桥、新泾桥、小南翔一线。

10月21日晚上7时，以善野战的桂军四个师为主，在蕴藻浜沿岸陈家行、顿悟寺一线，同时左翼集团军在广福南北一线，集中所有炮火对日军发起大规模反击。53师被分配到大场和小南翔之间的走马塘一线。

22 日，日军对桂军阵地进行大规模进攻，桂军多处阵地被攻破。总司令陈诚为稳重起见，令 53 师在新泾桥、唐家桥布防。

次日下午，桂军四个师兵力损失五分之三以上，被迫撤出战场，由第 53 师、32 师、14 师等部接替。第 16 军军长李韫珩，亲自带领 53 师在杨家宅、陆家桥、孟家宅、战头桥、蕴藻浜南岸一线顽强抵抗日军。

24 日到 25 日，53 师在小南翔正面与敌人激战，我父亲所在的部队扼守新泾桥和仙师庙阵地，击毙敌人 1300 余人。

自 10 月中下旬以来，20 多天时间里，中国部队以车轮战的方式，投入了约 25 个师的兵力，与日军进行了规模空前的阵地反击战，平均每天阵亡 5000 人，消耗极为惊人。

26 日，大场失守，主力部队开始大规模撤往苏州河南岸，53 师与其他几个师担任掩护任务，阻击日军，遭遇日军两路夹击，父亲所在的营在仙师庙夜袭敌营，营长周庭芝不幸中弹身亡。

激烈的战斗还在持续。

10 月 30 日上午，日军加强了对 53 师正面阵地的进攻，被多次击退。下午 4 时，日军继续出动 30 辆战车掩护步兵，全线进攻 53 师阵地，战斗进入白热化。入夜，53 师派兵一部向谢家宅、张仙庙突袭，未果。我父亲率部设防于小南翔，多次击退敌人进攻，然而最终未能抵住敌人的炮火。

父亲于 1937 年 10 月 30 日，牺牲于小南翔张仙庙一带，时年 30 岁。青山处处埋忠骨，父亲，安息吧。看完史料，我只能这样安慰自己。

五、功夫不负有心人

迎伟申烈是从一本族谱开始的。

他见上面有自己祖父的一页，写着："学丙，字载云，国民党中央陆军军官学校毕业，民国二十六年丁丑十月上海淞沪战役阵亡，子一，女一。"

这是迎伟第一次看到关于祖父这么正式的记录，突然有点好奇，在家里把族谱翻了三天三夜，还有一本黄埔同学录。

迎伟这孩子脑子活络，开始想，祖父是在淞沪会战中阵亡，那应该是抗战烈士。也许申烈这个事情，可以办一下。

他拿着族谱还有黄埔同学录开始到处跑，跑长沙，跑图书馆，跑统战部，还有其他一些关联单位。他也不知道从何入手，一处处找人出主意，这个事情到底该怎么办。

我和弟弟知道后都劝他别搞了，花时间花精力，还要花好多钱。当时的挂号信还挺贵的，寄出去邮到也要八九天，很漫长的。但迎伟不听，说自己反正下岗了，有充足的时间，一定可以找到需要的材料的。抚恤金什么的无所谓，但这是一个家族荣誉的事情，他说自己一辈子也没太多能耐，就想帮长辈把这个事情做成。

迎伟根据各处的需求开始到处找材料，给各个地方写挂号信。重庆、台湾，还给上海淞沪抗战纪念馆和广州黄埔军校都写过信，但都没有找到需要的材料。后来淞沪纪念馆的副馆长还真给他回信了，要他到中国第二历史档案馆再去问问。

功夫不负有心人，二史馆那边果然找到了。正好有同事过去，就找单位开了介绍信，帮忙查阅到了电子档案。

名册上详细书写着："队号：53 师 318 团 3 营机枪连；职位：上尉连长晋少校；姓名：周载云；籍贯：益阳；死亡地址：上海抗日阵亡；遗族姓名：祖父母、父母，妻段丽辉，子巴生。"

此次，迎伟还翻拍到一张父亲在黄埔军校就读期间的学员照片。此前，这么多年，我们姐弟都不知道父亲长什么样子。

烈士周载云军校照

迎伟跑了一些部门，一点点地去走申烈的流程。迎伟耳朵还不好，是以前工作留下来的伤，不戴助听器根本听不清别人讲话。他办这件事不容易，到人家办公室，都是拿笔写在纸上跟他们交流。人家办公室领导也是看他心诚，材料也都找齐了。

民政部门送来烈士周载云的烈士证

果然应了那句话，有志者事竟成。最后，竟然申报成功了。

那是 2004 年的 3 月，民政局、武装部领导带了一队人，敲锣打鼓把烈士证送到弟弟家。当地的各大媒体也跟踪报道了。有烈士后人看到报道后，特别来“取经”，根据迎伟经办的流程，不久也申烈成功。

弟弟、弟媳很高兴，我也高兴，迎伟为我们这个家族做了大贡献，我们都感激他。唯一的遗憾就是我母亲不在了，没等到这一份荣誉。

我想母亲如果在世，她一定会欣喜地长吁一口气，她虽然不懂什么大道理，但她认准一个理：“你父亲是打日本鬼子死的，是正事，没有错。”

这话母亲生前多次说过。

母亲生前还和我说过：“我为什么专守周家，主要是想着你父亲，舍不得你们姐弟。我如果要带你们走，你祖父母不会同意，再说带到

周载云烈士文物史料捐献交流会

别人家，人家要是不喜欢，我会痛悔一生。”

这可能不仅是母亲的心声，也是无数烈士遗孀共同的心声。她们一天天煎熬着、想念着、期盼着，活得如一层薄薄的灰尘，被岁月轻轻一吹就散了。如果没有人讲述她们的故事，就没人知道她们来过，没人理解她们的艰难困苦，以及她们的付出了。

后来我的二侄子清伟从美国回来，在我母亲的墓碑上刻上父亲的名字，还嵌上了照片。夫妻俩生死分别几十年，也算天国相聚了。

2024 年的 9 月 30 日，是第十一个烈士纪念日。全国各地都有隆重的纪念活动，我的父亲也魂归故里，湖南益阳政府前往烈士碑前敬献花篮。

此后，每年哪怕只有短短的几个小时，也会有人记得抗日烈士周载云，我们后人以此为傲。

（口述人：周潭亭、周迎伟　记录者：刘霞）

阵亡组照

记得儿时的一天，奶奶从箱底翻出一个小手帕，里面包着一张发黄的照片，是爷爷和奶奶的合影。

奶奶告诉我：“这是你爷爷杨杰，黄埔军校第四期毕业，1937 年 10 月在上海西塘桥打日本鬼子阵亡了，埋在南京雨花台。”

说完，奶奶又将照片小心翼翼地包好，藏在箱底。

这是我第一次见到爷爷的照片，第一次知道爷爷是打日本鬼子牺牲的。打那以后，奶奶再也没有说过爷爷的事情，家人对爷爷都是讳莫如深，三缄其口。

这让我对爷爷，有太多的疑惑未解。

一、血沃淞沪

我是奶奶一手带大的，奶奶对我也最为钟爱，她深深地影响着我的成长。

奶奶叫蔡秀娟，1895年生于河北定兴县北南蔡乡北蔡村。在我的印象中，慈祥的奶奶永远穿着一件自己缝制的蓝色的大襟衣，一双小脚终日奔波。奶奶虽然不识字，但跟着爷爷走南闯北，见多识广，历经过大风大浪，深明大义。

小时候所有供应都需要票证，一个月一个人供应半市斤肉、4两食用油。奶奶经常到国营肉店通宵排队，只为了买到8角一斤的肥肉。奶奶把肥肉熬成猪油，捞出油渣，撒上盐，那热腾腾脆嘭嘭香喷喷的油渣归我，是最好吃的美食。

有一次几个大孩子踢球，我也想踢球，人家不要我，我就跑到球场外边帮他们捡球，踢给他们。奶奶看见后，立马叫我回家，狠狠地教训我说，人家不要你，你就不踢，怎么能去给他们捡球呢？做人要有

烈士杨杰和夫人蔡秀娟

骨气！

这件事深深刻在了我幼小的心里：做人要有骨气！

1977 年底恢复高考，我考上了南京邮电学院，一家人都非常高兴，最高兴的是奶奶，乐得合不上嘴。启程去南京时，奶奶换了一身新衣服，拄着拐杖牵着我的手送我到公交车站去坐火车。奶奶对我说，去了好好读书，要争口气，让他们看看我们是什么样的人。

公交车开了，我看到奶奶在抹眼泪，这应该是高兴的眼泪。

1979 年，奶奶脑溢血住院，家人和奶奶说，打电报让王伟回来吧。奶奶说不用了，王伟读书呢，不要耽误他读书。

我放假回家，不见奶奶，我急切地问姐姐，奶奶呢？姐姐指着墙上奶奶的遗像说：奶奶在这里！

我顿感五雷轰顶，我的奶奶已经不在人世间了，唯有大哭一场。

想到奶奶坎坷的一生，我心里有点埋怨爷爷，爷爷身为一位军官，为什么要冲到前线，为什么不躲在后方保条命，如果爷爷活着，奶奶肯定不会受那么多的苦。

自从奶奶去世后，关于爷爷的事情再也无人提及。

爷爷的血衣、遗物、书信、笔记和其他照片，由于怕受牵连，也早通通付之一炬。当时我还小，无能为力，想想实在为之痛惜。

直到 1987 年，我在贵阳八角岩文史书店，意外看到一本出版不久的新书，是中国文史出版社出版的《八一三淞沪抗战：原国民党将领抗日战争亲历记》。

我鬼使神差地打开一看，竟然看到我爷爷的照片，照片下面的文字说明：在西塘桥殉国的第 1 军第 1 师第 1 旅副旅长杨杰。

血缘就是这么神奇，我看着书中的爷爷非常亲切。书中收录了爷爷战友王应尊的一篇文章，里面记录了我爷爷抗战英勇牺牲的事迹。

卢沟桥事变后，日军开始全面侵略中国，紧接着是“八一三淞沪会战”爆发，中国人民开始全面抗战。

1937 年 8 月 30 日，胡宗南奉命率领第一军从徐州出发，开赴上海，参加淞沪会战。胡部到达无锡尚未下车，就接到第三战区前敌总指挥陈诚的命令，因为宝山一线防线危急，要胡宗南部立即东开宝山增援。

胡宗南部抵达宝山之前，宝山城已经失陷，守军姚子青营全部壮烈殉国。日军占领宝山后，向前疯狂猛扑。胡宗南立即令第一军各部就地占领阵地，在杨行、蕴藻浜和纪家桥之线组织防御，阻击日军。

日军于 9 月 11 日占领杨行后，再次向第一军阵地猛扑过来，战斗更趋激烈。日寇利用其陆空立体火力，不断用重炮、舰炮和成群的飞机进行火力倾泻，第一军官兵凭借简陋的工事、落后的武器顽强抵抗，与日军反复争夺阵地，双方都是死伤惨重。

第一军在杨行生生顶住了日军一个多星期的疯狂进攻，胡宗南决定采取逐次转移的方式节节抵抗，且战且退，撤至刘行、顾家宅、罗店一线的预备阵地。激战 20 天后，奉命撤到昆山附近进行整补。

1937 年 10 月 1 日，刘行一线的中国军队奉命撤至蕴藻浜、陈家行、大场一线。日军立即集中主力向我军蕴藻浜一线进攻，守军湘军第八师经过激战，损失惨重，10 月 6 日防线被日军突破，日军突入蕴藻浜南岸，在蕴藻浜南岸建立阵地并逐步扩张，淞沪会战中惨烈的蕴藻浜大血战由此开始。国军前赴后继，以尸山血海、寸土必争的精神与日军展开激战。

正在昆山附近整补的第一军奉命紧急开往前线支援蕴藻浜一线

阵地。

10 月 7 日，第一军在西塘桥一线与日军展开激战，10 月 11 日，战斗更加激烈，杨杰率部牢牢地坚守住西塘桥阵地。第一旅工兵营长夏同彭英勇作战，身中两弹受重伤，仍然坚守阵地。杨杰副旅长亲临阵地，命令他撤退疗伤，夏同彭才离开阵地。

烈士杨杰和儿子杨晨光、女儿杨毓贞。1927 年春摄于开封

当天晚上，日军进攻更加猛烈，阵地一度被日军突破，杨杰率预备队冲锋夺回阵地，激战中，不幸遭遇日军机枪扫射，腹部多处中弹，壮烈殉国！

自杨行血战开始，第 1 师李铁军部，第 1 旅旅长刘超寰与第 1 团团长王应尊负伤，第 2 团团长杨杰与第 4 团团长李友梅牺牲，营长以下军官和士兵伤亡达 80%。

看着书中的描写，我突然明白了，爷爷当初在战场时为什么要冲在前线，国家存亡之际，匹夫岂能苟全，更何况他是副旅长。

当时我就下定了决心，要为爷爷争取属于他的荣誉，为抗日烈士弘扬英名。

我想，这一定是奶奶的心愿。

二、齐心协力申烈

我的这一决定，首先得到了家里人的大力支持。

妻子黄琴峰是我最坚定的支持者，我们俩有共同的淞沪抗战家史。岳父大人黄秀萱，广西都安人，参加新四军之前，在白崇禧的桂系部队，当年淞沪会战爆发，随部队疾驰上海。六万广西狼兵发起了防御阶段的唯一的一次进攻，激战中，同乡几乎全部牺牲，岳父被日军燃烧弹烧伤，一位姓韦的战友背了他几天几夜，九死一生！岳父离休后，经常说起淞沪会战之惨烈，十分怀念牺牲的战友。

北京的姨妈王惠贞，先寄来解放军出版社出版的《抗日战争国民党阵亡将领录》。后来陆续收集到同学和朋友寄来的书籍，都记载了爷爷杨杰抗战的英雄事迹。

二姑妈更是千里迢迢，从开封到贵阳交给我三张珍贵的历史照片。

和牺牲的其他抗日英烈不同，爷爷殉国后，遗体被抬下阵地送往后方，他入殓装棺这一过程被意外拍摄下来，留下了三张珍贵的照片和玻璃底片。

一张照片中，爷爷的遗体放在担架上，旁边站着三位满脸悲伤的军人。第1师属于抗战前的第三批调整师，也就是常说的德式师，照片中两位军人佩戴德式M35钢盔正是反映了这一历史事实。

右一的军官叫郭树藩，是爷爷的妹夫，毕业于中央军校西北军官训练班，时任第1师第1旅2团军需股少校股长。左一的军人叫杨寿益，我叫他六伯。

六伯后来在贵阳市飞山街开小人书店，拉板车，做零工，生活艰难。

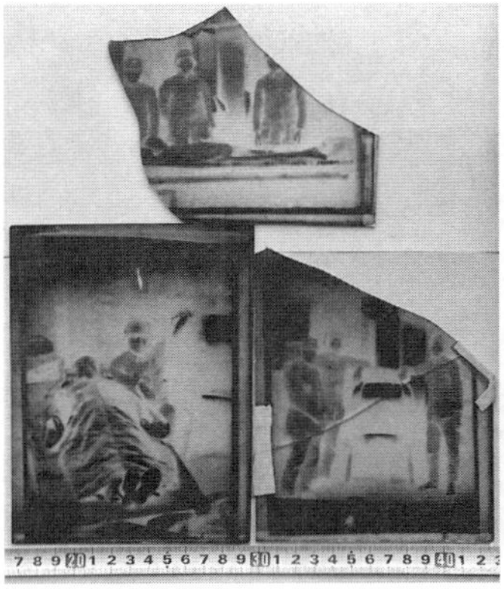

珍贵的玻璃底片，已经不知为何人所拍摄，何时损坏了

烈士杨杰在淞沪会战中壮烈殉国

扶棺者左起：杨寿益、周振恒、郭树藩

我上幼儿园时，天天路过他的书摊，常去看小人书。六伯曾对我说：在上海打日本鬼子，你爷爷带着弟兄们冲锋，被鬼子的机枪打中，腹部多处中弹。

他的话从爷爷阵亡的照片中得到证实。六伯全家在“文革”中被下放农村，失去了联系。

这张照片中左二位置的军人叫周振恒（周福祥），是我奶奶的表弟，时为炮兵观测员，后加入八路军，历任排、连、营长，团参谋长，解放军 63 军 189 师 567 团团长，1957 年任 63 军 188 师副师长。后转业到中科院第 109 厂任厂长兼党委书记。

第二张照片中，爷爷已经换上了寿衣，杨寿益手扶棺材蹲坐在旁边。作为杨杰的身边人员，他目睹了杨杰的牺牲经过，对长官的忠诚和爱戴，他脸上的悲伤在这一瞬间被定格为永恒。

第三张照片中，爷爷已经入殓装棺，三位军人黯然扶棺而立，他们知道，从此以后，与长官就是阴阳两隔了！

爷爷牺牲后，奶奶搭乘爷爷的盟兄薛蔚英部队的车撤退到长沙，得到薛夫人的照顾。

薛蔚英，黄埔一期，1925 年任第 1 军第 1 师第 2 团第 2 营少校营长，1935 年任 167 师少将师长，1938 年 6 月长沙会战的第一战役马当要塞之战，因走小路而贻误战机，8 月被军法处决。

我的五大爷杨栋（薛师的警卫连长）在马当战役中被日机炸死，亦是抗日烈士。

后来奶奶又辗转到了西安，用爷爷的抚恤金入股和别人开了“天元堂”中药铺，才慢慢安顿下来。在战火中，奶奶带着孩子们颠沛流离，含辛茹苦把几个孩子抚养成人，不知道有多么困难。

我原名杨瑞东，1958 年满一岁时，因三姑妈杨智英常年在战乱中颠沛流离，营养不良经常生病，长大后没有生育，奶奶把我和大姐杨瑞嘉从重庆带到贵阳由三姑妈抚养。

从此三姑妈是我的养母，我叫妈妈，妈妈给我改名叫王伟。

根据我的生父杨晨光档案中的自传和“交代材料”记载，爷爷这三组阵亡的照片和玻璃底片，1952 年他曾主动上交 615 厂军代表陈曼杰，后又发还给他。

1967 年 7 月 2 日，国家科委派 2 人到重庆，通过军委会了解周福祥（周振恒）的情况，为了证明周福祥英勇抗日，他交出了照片和玻璃底片给国防科委来人带到北京。

这组照片后来又转到周振恒处，二姑妈杨毓贞的女儿王静得知后，专程从河南开封到北京取回保存。为了给爷爷办理烈士证，1990 年二姑妈千里迢迢从开封送到贵阳交给我。

三张珍贵的历史照片历经抗日战争、解放战争的兵荒马乱，四处流浪……能够完整保存下来，除了玻璃底片有些磨损，真是一个奇迹。

这组珍贵的历史照片，也为弘扬爷爷的英名立了头功。

三、烈士阵亡照成国家文物

记录下爷爷故事的王应尊，淞沪会战时任第 1 军第 1 师第 1 旅第 1 团团长，我打听后得知他时任四川省政协常委，生活在成都枣子巷 47 号，年老多病，闭门谢客。

我让妹妹杨瑞翔联系，说想要登门拜访。王爷爷听说是杨杰的后代，立马答应见面。谈到爷爷杨杰牺牲的经过时，王应尊爷爷泣不成声：“你尽管说，需要我做什么？”

妹妹说：“我的爷爷是在抗战中牺牲的，他应该是烈士，我希望能为他申请烈士荣誉。”

王应尊爷爷二话没说，立即抱病起身书写证明材料。王爷爷在1945年曾任第90军28师师长，指挥部队参加豫西西峡口战役，和友军一起歼灭日军139联队。之后，王应尊调任27军任中将军长。

王应尊爷爷的这份证明材料，为后来办理爷爷的革命烈士证起了决定性作用。

北京表弟郭贺敏（郭树藩的孙子）对舅爷申烈的事情特别热心，20世纪90年代初我出差去北京，他用侧三轮摩托车载我去卢沟桥，那是我第一次去中国人民抗日战争纪念馆，在英烈馆里的英烈碑上找到了爷爷的名字和生平事迹，真是喜出望外！

后来他又带我回河北容城县大八于村老家，看看爷爷出生、生活过的地方，看看老家的亲戚。他亲自到周振恒原单位查看档案，寻找有关爷爷的资料；多次和民政部优抚司联系，确认我们的申报资料收到、确保爷爷的名字列入第二批著名抗日英烈名单。

在诸多亲朋好友的帮助下，1993年5月12日，爷爷杨杰为国捐躯56年后，民政部颁发了革命烈士证书，真是来之不易，全家人为之高兴。

最遗憾的是，奶奶生前没有看到。

台湾忠烈祠供奉着爷爷杨杰的灵位，北京卢沟桥中国人民抗日战争纪念馆，英烈馆里也铭刻着爷爷抗日的生平事迹。但我多次到南京雨花台寻找爷爷的坟，无果。

革命烈士证明书

杨杰同志在淞沪抗战中 壮烈牺牲，经批准为革命烈士，特发此证，以资褒扬。

中华人民共和国民政部

一九九三年 五月 十二日

1993 年为烈士杨杰颁发的革命烈士证书

2003 年，我到上海淞沪抗战纪念馆，找不到我爷爷的任何陈列介绍，居然连一个名字都没有。一位老同志接待我，说家里有三张照片，可以提供。

2011 年，在得知四川建川博物馆收藏有抗战的资料时，通过朋友介绍联系上樊建川，在电话里，我问博物馆里是否收藏有爷爷杨杰的资料。在外出差的樊建川肯定地说：“一定有！”

我迫不及待地赶赴四川建川博物馆，看到爷爷的照片和 200 多位抗战阵亡将军一道，悬挂在正面战场馆入口处的抗战阵亡将军墙上，极其震撼！好多将军都没有照片，只有名字灵位，我的爷爷是幸运的。

我下定决心，将照片、烈士证以及爷爷的遗物等全部捐赠四川建川博物馆永久收藏，博物馆专门为此设立了专柜陈列。

我和妻儿到建川博物馆捐了爷爷的老照片、相关信件和民政部颁发

王伟在上海寻找爷爷

的革命烈士证原件。当天樊建川在微博发布了爷爷杨杰在淞沪抗战英勇牺牲的入殓组照。

这组被历史尘封了 74 年的照片，终于公之于天下。建川先生评价为：“铁血将军，民族脊梁。”

我一一翻看网友们近 3000 条评论，字里行间充满了对抗日英雄的崇敬，读之热泪盈眶，感人肺腑。

抗战将军阵亡组照，极为罕见，到目前为止，仍然是国内唯一发现，具有重要抗战历史文物价值，后被评为国家三级文物。

一年后，建川博物馆中国壮士广场，根据爷爷杨杰的照片，为他立了一尊塑像。樊建川先生以一己之力，散尽几十亿家财，收集大量历史文物，让文物见证历史，为中华民族留下珍贵记忆，我对他的敬意油然而生。

我满头白发的妈妈，唯一健在的、爷爷生前见过的亲人，带领我们后人前来祭拜。80 岁的妈妈在我们的搀扶下，颤颤巍巍走到她父亲的塑像前，仔仔细细地端详，仔仔细细地抚摸。

也许此时此刻，一件件一桩桩往事一齐涌上心头，在向父亲倾诉。自幼失去父亲呵护成长的女儿，这漫长的一生，有说不完道不尽的艰难、坎坷和苦楚。

75年的生死离别，儿时记忆中的父亲已经模糊，淡忘。而此时此刻，自己的父亲就在面前，和200多位抗战将领、抗战英烈聚在一起，站在中国壮士广场，站在祖国的大地上，是何等的威武雄壮。

小时候，我无数次地对着爷爷的照片，喃喃地说："爷爷，您是将军，可以不冲锋的呀？"现在，我对着爷爷的塑像说："爷爷，您是我们的好爷爷！您是民族的英雄，是我们的英雄，作为您的后代，自豪！"

当天，诵读祭文时，潇潇小雨突然中止，一缕阳光普照壮士。仪式完毕，天幕合闭。相信爷爷九泉有知。

记得儿子刚刚上幼儿园时，我给他看《八一三淞沪抗战》里边的照片，告诉他这是你的祖爷爷，他把书牢牢地抱在怀里，自言自语地说："我的祖爷爷，我的祖爷爷！"

那神奇感人的一幕，永远留在了我的记忆里。这是家族的传承，这是血脉的传承，也是中华民族精神的传承。

四、为30万阵亡将士留名

2014年10月，在重庆的二姐杨瑞智托人借出了生父杨晨光的档案，里面有他写的自传、社会关系等材料，让我们知道了许多原来不知道的事情。

我爷爷是河北容城县大八于村人，家有60亩地，自己种为主，请了一位长工。这也导致家庭成分后来在新中国成立初期被划为地主，后改为富农。爷爷在县里高等学堂毕业，曾在离村不远的北河照村教书，后又到安新县教书，在此期间，到北京考入黄埔军校第四期政治科，由于年龄偏大，怕不能录取，便隐瞒了 6 岁（1895 年改为 1901 年）。

我爷爷的黄埔军校毕业照上面，年龄注明的是 24 岁，实际已经 30 岁了，也有在黄埔军校使用的名字为：杨济恸。

在档案里面我居然发现了我爷爷的《荣哀状》和附在一起的《请领抚恤金保证书》。仔细看看，疑问不少：

一是为什么爷爷 1937 年阵亡，《荣哀状》到 1948 年才发？而且没有发放的具体日期。是谁领取，在何处领取？

二是部队番号错了，不是 1 团，1 团团长是王应尊，爷爷是副旅长兼任 2 团团长。

三是军衔错，爷爷不是上校，是少将。

四是阵亡地点错，是淞沪会战上海吴淞口附近的西塘桥，怎么可能是江苏。后来也有朋友解释，那里当时属于江苏。

請領卹金保證書

說明

请领抚恤金保证书

但这些疑问，已经无从考证，可能永远都是谜了。

档案里有一张领取一次特恤金及胜利奖恤金条子，上面的保证人是夏同彭。夏同彭是我的大姑父，字仲亮（1909—1969），江苏江阴夏港西街人，17 岁只身赴广州考入黄埔军校第四期经理第 1 队。

大姑父和我爷爷是同期的同学，但比爷爷小 14 岁，深得爷爷的喜爱。于是，1934 年，爷爷把自己 18 岁的大女儿杨毓芝许配给他，同学成了翁婿，一时之间传为佳话。

而一家人有两个黄埔四期生，两位将军，可能也是绝无仅有。

1937 年，夏同彭和我爷爷参加淞沪抗战，夏同彭时任第 1 师第 1 旅中校工兵营长，战况吃紧，工兵当步兵上阵杀敌。10 月 11 日，战斗更加激烈，他英勇作战，身中两弹受重伤，仍然坚守阵地。我爷爷亲临现场，命令他撤退疗伤，才得以保住一命，当天晚上，我爷爷英勇牺牲。

夏同彭后被授予少将军衔。1948 年，他在西安任军政部军官第 22 总队第 3 大队大队长。1949 年 12 月任代师长，带领 76 军 20 师在四川三台战地起义，后任解放军第二高级步兵学校战术教员，1954 年回江阴任政协委员，大姑父在“文革”期间去世。

记得 1977 年 12 月，我考上了南京邮电学院，利用假期的时间，前往江阴夏港，看望了当时仍健在的大姑妈杨毓芝。那是我第一次与大姑妈相见，谈到殉国的爷爷时，姑侄俩也是泪眼蒙眬。

2015 年 8 月 24 日，为纪念中国人民抗日战争暨世界反法西斯战争胜利 70 周年，经党中央、国务院批准，民政部公布了《第二批著名抗日英烈名单》，爷爷的名字在其中，这是以国家的名誉，缅怀抗战英烈，向抗战英烈致敬。

在爷爷为国壮烈捐躯 78 年之后，后人或相关组织通过档案申报，最终协我助其获得国家追授的荣誉。这不仅是国家的荣誉，也是家族的荣誉；不仅是国家的记忆，更是家族的记忆。

尽管来得太迟，也是在这个不断进步的年代，在全国人民以大阅兵等各种形式隆重纪念抗日战争胜利70周年之际，轰轰烈烈地来了！

杨杰的子子孙孙，作为著名抗日英烈的后人，感到无上光荣，无比自豪。

经我申请，2015年12月初，我领到了中共中央、国务院、中央军委为爷爷颁发的“中国人民抗日战争胜利70周年纪念章”，这是为抗日民族英雄颁发的勋章，爷爷的在天之灵，一定有知。

这枚金灿灿、沉甸甸的纪念章，是爷爷用鲜血和生命换来的，代表着中华民族大无畏英雄气概，意义非同一般，是爷爷留给我们子孙后代的无价之宝，一定要世世代代传承下去。

这一年，淞沪抗战纪念馆举办了淞沪会战大型主题展《血沃淞沪》，里面有爷爷的英名。这是一个进步，虽然还远远不够。

三十多年来，我和姐姐妹妹、表兄表妹一起坚持不懈地收集整理爷爷的有关资料，坚持不懈地为爷爷争取应该得到的荣誉，坚持不懈地为爷爷弘扬英名。在许许多多热心人的帮助支持下，我们做到了，深感欣慰。

在给爷爷办理烈士证的过程中，我深切体会到这个事非常不容易。整个抗日战争，很多牺牲的士兵连名字都没留下来，后人要想给他们申请烈士，很难很难。

我退休后，在众多志愿者的支持下，带领“铭记”项目团队收录整理抗日阵亡将士名录。目前已经收集了32.15万名，这也是全国已知收录人数最多的一套阵亡将士名录。

我认为，所有跟日本侵略者打仗牺牲的，都跟我爷爷是一样的，都是民族英雄，我没有能力去为他们办理烈士证，但是我可以尽我的能力为他们把名字留下来，传给后人，铭记他们的英勇事迹。

我们至今也没有找到爷爷的坟，和很多抗日阵亡将士一样，也许永远也找不到了，有道是："埋骨何须桑梓地，人生无处不青山。"

他们在哪里？在抗战纪念馆里，也在中国人民抗日战争的历史书里，他们长眠于祖国的神州大地，忠魂与山川同在，与日月同辉。

他们永远活在中国人民的心里。

（口述人：王伟　记录者：刘霞）

滕县，滕县

我出生于1958年，从刚记事起，就有人说，你们家还是国民党军阀嘞。我们家一直住在解放军部队大院里，怎么可能是国民党军阀？我赶紧回家问爸爸怎么回事。

我爸说，那是他们不知道，你不要理他们。爸爸没有正面回答，我因太小也没追究。

后来，我到了上学的阶段，就要填各种表、入团志愿书、下乡插队登记表，大学政审表……这些表都要填家里亲戚的职业、成分，我都很如实地填了。

因为填表，我才知道，奶奶叫周淑芬，爷爷叫王麟。在爷爷的职业一栏填“已故”，成分是“地主”，奶奶也是“地主”。母亲那边的亲戚，也都是“地主”。

记得8岁的时候，街道上很乱。一群人借着“破四旧”运动肆无忌惮地闯进我们家周围的小洋楼里，清出不少东西，有书、漂亮衣服和家具，这些东西统统被扔到街上，一把火烧了。

妈妈被吓到了。一天，爸爸下班回家后，妈妈说她悄悄把我爷爷的东西都烧掉了，有爷爷的证书，还有爷爷的照片。

虽然我家庭成分是“地主”，但我还一直是个学生干部，入团或者是评优，都比大部分同学早，也受到组织重视。高中毕业后插队下乡，到1977年恢复高考，我第一年就考上大学了，后面也顺利入了党。

我没有受到“地主”出身的影响，对成分也就不那么在意了。但我知道爷爷是在抗日战争中牺牲的。

爷爷虽然牺牲了，但家里也不跟我们详细说爷爷的事，偶尔问到，他们就说，唉，小孩不要问这些。

所以，爷爷牺牲的具体细节，我不知道。爷爷是一个团长，我也不知道。甚至爷爷在北川县当过县长，我一概都不知道。

爷爷王麟，也成了我心里的未解之谜。

一、血战台儿庄

直到1985年的暑假，我读到《人民日报》发表的《台儿庄光照人间》一文。文章记录了中国军队和民众为保卫津浦铁路北线，保卫徐州开展的临沂阻击、死守滕县、血战台儿庄的悲壮战役。

那一幕幕激烈的战争描述吸引我不停地读下去，读着读着我看到了川军、看到了“王麟”，文章里居然有我爷爷的名字！我这才知道爷爷是国民革命军第22集团军41军124师370旅740团上校团长，是台儿庄战役中牺牲在山东滕县东关的抗日烈士。

第二年，电影《血战台儿庄》上映。影片中台儿庄战役的揭幕战——滕县之役的画面完全可以用炮火连天、白刃血拼、残垣断壁、一片焦土来形容。

战事最危急的时刻，士兵向王铭章师长报告：“……740 团团长王麟死战不退，已和阵地上的官兵们一起壮烈殉国了。”

那电影拍得也好，不仅是因为有爷爷，更是因为比较真实地反映了那场大战。我就把爷爷的这一段给截下来了。我弟弟也买了这个电影的碟片，我们家有时候还会拿出来看。

爷爷作为一个军人的忠勇和壮举，使我对他更加尊敬崇拜，更想知道他长什么样子。

我们忍不住埋怨妈妈，咱家是军人家庭，我爸还是穿军装的，不至于被抄的，把爷爷的资料都烧了太可惜。妈妈说那是你们不知道，你爸又不在家，等抄了家我再找他都来不及了。

对于这事，我爸倒是从未埋怨过。想想也是，爸爸还在部队上，造反派要是知道家里还有国民党军人的照片或者证书，那还得了，烧了也就烧了吧，只是我们还没见过爷爷的长相，心里多少有遗憾。

妈妈见过爷爷的照片，只是说穿军装，没戴帽子，更多也形容不了。

烈士王麟的遗孀、儿子一家三口（孙女王愔还没出生）

爷爷牺牲的时候

爸爸王先文还只是个 10 岁的孩子，奶奶带着他从成都回到了荣昌老家。当时抗战正烈，滕县战役牺牲的最高指挥官王铭章师长，其灵柩经过徐州、武汉，最后回到了成都，虽然是衣冠冢，但纪念活动搞得轰轰烈烈，非常隆重。

我爷爷虽然尸骨未归，但我奶奶老家这边也有很多纪念的活动。我爸爸还被叫到讲台上去发言。爸爸很勇敢的，讲话讲得都挺好的。

爷爷是作为上校团长牺牲的，当时的民国政府晋级抚恤，按陆军少将发放抚恤金，每年大概是 600 大洋，烈士遗属的生活不成问题。

当时爷爷的大姐，在荣昌市开了一个小作坊做扇子，奶奶就带着爸爸住到这个大姑奶奶家，帮他们做些事。抗战愈演愈烈，几年后，爷爷的四弟王政也去参加抗日，留下新婚不到一月的妻子。

没想到四爷爷在去前线的路上感染疟疾，还没到战场就离世了。四奶奶后来生了个女儿，是遗腹子，母女俩也搬到大姑奶奶家去住。

三个女人就这样意外生活在一个屋檐下，从来没听说过由于谁失去丈夫了被欺负，大家都很亲密。特别是两个遗孤，堂兄妹相处得跟亲兄妹一样。

爸爸的堂妹王先碧我叫姑姑，爸爸比姑姑大 16 岁。姑姑初中毕业就想赶快考个中专技校早日工作，以减轻四奶奶的负担。爸爸当时已经在部队提干，就写信鼓励姑姑，你学习好，一定读完高中，争取上大学。

姑姑听了话，读完高中考上重庆大学冶金系，毕业以后到酒泉钢铁公司，又调回四川自贡一个工厂，是搞技术的厂级干部。等到我上大学要买计算尺，姑姑听说了，马上寄来她的计算尺。她说，这是你爸爸当年给我买的。

姑姑是遗腹子，我爸爸对她来说就是长兄如父，不仅在经济上给予她支持，更多是精神上的抚慰。

我们没见过爷爷的照片，姑姑更是连她父亲的照片都没见过。

烈士王政遗孤王先碧

1947 年，爸爸考上重庆南华学院。

作为烈士子女，爸爸在成长过程当中非常追求进步。作为 20 世纪 40 年代的大学生，爸爸和同学们非常认可共产党的宗旨，也参加了很多学生运动。爸爸的同学们纷纷加入地下党，却都没有让爸爸入党，因为考虑到他是个烈士遗孤，他家只有一个独苗苗，不能牺牲。

爷爷出发前，给奶奶的信中曾说："余自从戎伊始，即以身许国，抗击外辱，乃余素志。今值日寇入侵，国家危急存亡之秋，正是志士仁人精忠报国之时。余率部开赴前线，誓当痛歼敌寇，扬我国威。倭寇未灭何以为家，成功成仁，余则不计……"

爷爷的遗志也影响着我的奶奶。

我爸爸劝奶奶把家里的地都卖掉了，用以资助这些同学进行革命活动。家里的地都是爷爷牺牲后，用抚恤金购置的。

我奶奶对这唯一的儿子非常珍视，让她卖地，她就卖了，让她把房子交了，她就交了。福兮祸兮，土改时，奶奶虽然被划为"地主成分"，但家里的土地和房子都交了，奶奶没受到批斗，1959 年在青岛去世。

1949 年 11 月解放军进驻重庆，爸爸正好大三，他和妈妈是大学同

烈士王麟的遗孀周淑芬

烈士王麟的遗孤王先文

班同学。受到进步思想感召，两人毅然决定中断学业，参加了解放军。因为他们是大学生，参军后他们被安排在第11军的文工团工作。

第11军后来到了青岛，改成海军，我父母也留在青岛了。妈妈提干后，20世纪50年代中期转业到北京。爸爸在北海舰队司令部时，搞政治理论工作。

1966年，父亲被调到刚成立两年的国家海洋局参与建设，穿上海军军装，直到国务院将海洋局划归国家科学技术委员会管理，父亲才脱下海军军装。

由于家庭成分的缘故，我爸妈在工作中都非常谨慎。我们家不仅爷爷、四爷爷在抗战中牺牲，我妈妈的哥哥易遵礼也是黄埔军校毕业的抗日烈士。姥姥家虽然是烈属，但在土改时也被定为“地主成分”，姥姥去世时，妈妈都没法回去奔丧。

爸爸一直非常低调做人，因学识和工作能力强，组织还是让他入了党。特别是“文革”期间，海洋局也分两派，爸爸在机关里头就属于“逍遥派”。周围叔叔阿姨一搞“活动”都很亢奋，我爸天天下班就在家喝茶、看《参考消息》，乐得逍遥。

后来因为他的逍遥，还得到去北京参加海军学习理论积极分子表彰大会的机会，受到中央首长的接见。过了“文革”时期，气候风向慢慢就变了。

到了1984年，王铭章师长的烈士证申办下来了，四川的烈士后人相互帮助，所以很多烈士证在20世纪80年代就办下来了。

几年后，我爸回到老家荣昌，他老家的同学跟爸爸提起，说像爷爷这种情况，也可以在民政部门申请烈士。几乎是在同时期，爸爸单位有个姓滕的机关党委书记，是著名抗日烈士廖龄奇师长的后人，他非常关心收集烈士资料的事情。

他知道我们家的事情，那时候个人很难调阅历史档案。滕书记带着他们干事到南京第二档案馆去查了我爷爷的资料，要帮助我们家一起申烈。

二、大国之魂

在大家的鼓励下，爸爸开始动笔写爷爷的传记。我通过爸爸所写的《王麟烈士传略》对爷爷有了一些了解。

……先父生前能诗文，书法有一定造诣，草、篆、隶俱能自成一格。在二十九军和四十一军中都以书法首屈一指著称。在成都、绵阳等地，尚有不少书法作品。先父生平的爱好是读书、摄影和体育活动。家中藏有图书、古人书画、碑帖不少。父亲自备有照相机和洗印设备，每到一地都要摄制不少照片。体育活动主要是骑马、打猎、游泳和打篮球。他的团里组织有篮球队。……记得临行前，父亲有一封信寄给母亲。信中有这样几句话："余自从戎伊始，即以身许国，抗御外辱，乃余素志。今值日寇入侵，国家危急存亡之秋，正是志士仁人精忠报国之时。余率部开赴前线，誓当痛歼敌寇，扬我国威。倭寇未灭，何以为家，成功成仁，余则不计……"（这是父亲的最后遗书，母亲一直珍藏着，并经常取出，让我牢记，所以至今我仍记得信中的重要语句）……父亲年少时曾撰写一副对联，贴在自己的床头，联语是："国势衰颓多愤慨，民生凋敝总忧心。"（此联在我八九岁时父亲曾重新书写，挂在他的书房里，并向我作过解释。父亲生平好作诗文，对联不少，但我记得清楚的只有这一副了）。当时父亲正在东门口机枪阵地指挥作战，一发炮弹在身旁爆炸，父亲身负重伤，血流不止。卫士刘玉成要背父亲下火线。师长王铭章也命令要用担架将父亲抬回城内。父亲让副团长税斌向王师长报告说，现在是与城池共存亡的时候，主管指挥如果脱离战场，会影响士气，引起全线崩溃，不击退敌军进犯，自己坚决不下火线。于是让军医简单包扎后，继续指挥作战，并又一次打退日军进攻。不久日寇又发起猛烈炮击，父亲让卫士扶起，观察战况，再次被炮弹碎片炸伤头部，当即壮烈牺牲。王铭章师长得知父亲牺牲的消息时，沉痛地说，王智仁阵亡，军失勇将，滕县是守不住了。

在爸爸的回忆中，爷爷是个很有生活情趣的人，爱好书法、会照相，喜欢打猎，还教他骑过自行车……除此之外，爸爸回忆他在北川的时候，爷爷不让他挑食，让他吃玉米粗粮饭（金银饭），说是小孩吃了营养又健康，这样哄着他。

爷爷还喜欢打猎，在北川乡下，条件艰苦，爷爷常常会靠打猎获得一些肉。爷爷对父亲学习抓得紧，还让他练字。爸爸不仅文章写得好，字也还可以。爷爷的信、对联，奶奶命爸爸背下来。奶奶虽然不识字，但她觉得这很重要，爸爸又是王家的独苗，必须记住。

这些，爸爸记了一辈子，张嘴就可以背出爷爷生前的文字。

爸爸把收集的资料、写成的传记都整理出来，开始为爷爷申请烈士。因为资料翔实，到 1997 年，山东省民政厅补发了爷爷的烈士证书。

烈士证一下来，爸爸就带着我哥哥去滕县祭奠爷爷，因为哥哥是王

颁发给王麟的烈士证

家长孙。我哥回来跟我说："第一次看爸爸就站在那儿，什么话也没说，点上烟就流了眼泪。"

我到现在都没见过我爸流泪，他好像从来没流过泪，到去世也没有。哥哥说，当时爸爸就站在东关街边上流泪了，那是爷爷当年牺牲的地方。爸爸属于那种比较内向的性格，第一次到爷爷牺牲的地方，他已经 70 岁了，心里的感受肯定很深。爸爸是烈士子女，心里也压抑了几十年，终于得到一个释放，肯定有很多心里话想跟他的爸爸说。

以后每年春节前夕，区里的民政部门，都会来慰问爸爸，因为他是烈士的直系亲属。我们也终于可以光明磊落地说，我们是抗日烈士的后人。

2001 年的"五一"假期，我和弟弟两家六口，第一次去到滕县县城。听说我们要去滕县，爸爸很支持我们去，详细告诉我们东门位置，也说看不到什么东西了，我说那我也得去。另外爸爸说台儿庄大战有个纪念馆，可以再了解一下。

我们还带着 1992 年出版的《悲壮之役——记 1938 年滕县抗日保卫战》这本书来幻想爷爷的经历。我想要看看当年爷爷牺牲的滕县东关，和作为团指挥所的城东门门洞。果然如爸爸所说，早年的城墙已不复存在，东城门更不知去向。问到的人几乎都说不出具体位置，大致指着的地方也都是车水马龙的现代城市街道和为生活忙忙碌碌的人群。当年的战场，唯有一座古塔矗立在原地，上面残留着些许弹痕。

我们在十字路口摆上鲜花，对着东关的石塔默默地哀悼，只当爷爷能够知道他的孙辈在六十多年后，来到了他牺牲的地方。这次以后，我就对滕县这个地方非常亲切，每年都会回滕县去祭拜，和滕县有一种天然血脉相连的感情。因为，这是爷爷热血流淌过并最终留下身躯的土地。

这一年，爸爸的生命也即将走到终点，在住院期间，眼睛渐渐地不行了，体力也不行了，哥哥、妈妈他们轮流陪床。爸爸很喜欢军事题材的书籍，当时有一本知名度很高的书叫《大国之魂》，是讲远征军的，妈妈和哥哥就轮流读给他听。这是爸爸生命中看的最后一本书。

什么是大国之魂，不就是爷爷他们这些忠肝义胆的军人吗？

爸爸在 8 月 1 日去世，正是建军节。遵照爸爸的遗嘱，我们将他的骨灰撒进了大海。他说是节约国家资源，自己做了一辈子海军，想回归海洋。但我想，爷爷都没墓地，估计爸爸也不想有吧。

三、重伤不下火线

爸爸去世后，想到我都没见过爷爷的照片，还有很多的事情都不了解，就是很迫切地想要多知道一些爷爷的事，也想更多了解爸爸的心情吧。我循着爷爷的足迹，踏上了寻找的路程。

2008 年，是滕县战役 70 周年的纪念日，成都当地有几个牺牲在滕县战役中的烈士的后人联系到我。其中，烈士邹绍孟（41 军 124 师参谋长）的后人邹汝祥，父亲牺牲时他还未出生。70 岁的他计划组成“滕县保卫战台儿庄大捷 70 年祭拜团”，赶到滕州（滕县，现为滕州）和台儿庄进行祭拜活动。

我从青岛过去加入他们，那天，我见到了川军滕县参战老兵叶光文及邹、王两家共 16 人。那是第一次比较正式的祭拜活动。在滕州市民

王愔和川军后代在一起

政局有关人员的陪同下，一起到滕州市烈士陵园，在王铭章将军纪念亭举行了拜祭仪式。我受拜祭团的委托，诵读了凝聚着千万抗日川军老兵和川军后人深厚情感的祭词。邹汝祥老师特意带来了他在四川各地档案馆、图书馆收集到的有关1938年滕县血战前后时期，新闻媒体刊发的战时报道以及部分参战人士的回忆录。

那次活动之后，我认识了何允中老师，他的父亲是何煋荣。我的爷爷王麟任740团团长时，何煋荣任副团长。两人从出川就并肩作战，直到我爷爷牺牲。何老师对我爷爷的事情了解较多，因为他的父亲详细回忆过。这些事情甚至我的爸爸都不知道。

可惜我爸爸生前没有与川军后人们取得联系，如果知道联系上了邹汝祥和何允中的话，在他身体条件允许的情况下，一定会为这事回一趟四川，我也一定会陪他去。

爸爸何尝不想多了解一些他那英勇的父亲。

1938 年 3 月 17 日，滕县决战的最后时刻，何煋荣副团长同爷爷率团部文职及通讯、后勤等人在弹雨中冲到东关前沿。我爷爷重伤昏迷后，就是何煋荣副团长和士兵将他从火线抬到师部指挥所的。

何副团长是爷爷牺牲时的见证人。听何老师说，我爷爷来到山东前线时还有一个插曲。

本来，1937 年秋出川后他曾经在山西对日作战中冲锋陷阵，以致旧病复发，而他拼死不下火线，被卫兵用箩筐抬着到阵地上指挥作战，后来被从战场上转到后方养病。1938 年初，部队转战到山东，他从成都病愈归队，匆匆赶到临城 22 集团军的指挥部。当时，总司令孙震劝他不必去前线，留在总部协助工作。而他坚决不肯留下，执意回到前线亲自指挥部队。

从何煋荣爷爷的回忆里，我还了解到爷爷生前的最后一餐。爷爷爱吃从成都“三道拐街”肉包子铺买的香肠，便带在部队里。3 月 17 日的午餐就有爷爷爱吃的香肠，还落满了被炮火掀起的尘土。至少爷爷的最后一顿午餐是他家乡的味道。

我还知道，我爷爷第一次出川抗日，车停西安，团部数人同游大雁塔，遇到一位算命先生愿意免费为几位出征者算命。唯独轮到给我爷爷算命时却一反常态低头不语，似有难言之隐。几经催促后，算命先生才说我爷爷凶多吉少。爷爷见状说，“出征抗战早已将生死置之度外，何惧凶险。”算命先生最后说：“不死也要脱层皮。”

没想到我爷爷听到后，顿时起身不屑一顾地哈哈大笑：“老子早就脱了一层皮了！”完全一副慷慨凛然、视死如归的形象。原来我爷爷出川前患病，全身皮肤溃坏，好不容易才痊愈，他以为这次生病代表算命先生的话已经应验过了。

爷爷豪放英勇的形象一直留在何煋荣爷爷心中，他在回忆录里对爷爷进行了详细的描写。看着战友记忆中的爷爷，我就更想知道爷爷长什么样了。可我寻遍所有也没一点突破。

四、迟到的祭奠

2010年4月，我参加了台儿庄大战的纪念活动。有位台湾来的张记者，听说我在查找爷爷王麟的资料，就给我提供了可以通过台湾相关部门函查的信息。我立刻通过朋友查询，很快传来消息，在台北的忠烈祠的武烈士馆，供奉着爷爷王麟的灵位，牌位号是（J7—19）。

我一刻也等不及了，当年10月就报名参加了青岛刚开通不久的赴台旅游团。经过反复商量，旅游团领队终于答应允许我在台北离队半天。到台北后，我第一时间来到忠烈祠，先去填了一个表，把我知道的相关信息都写上，爷爷的名字、籍贯、牺牲的地方、牌位号是多少。

很快就查到了，他们把我领去武烈士祠，把爷爷的灵牌给请下来，然后让我们祭拜。我当时真的很感伤，这么多年终于有一个可以祭拜爷爷的地方。

我想这么多年，爷爷会得到安慰吧。他牺牲的时候，才36岁，他的儿子那时候还那么小。这么多年，还有后代记着他，还来祭奠他，爷爷在天之灵也能安息了吧。

这就是我当时的真实感受，我向爷爷的灵位深深地鞠躬，胸中涌动着难以言表的情感，五味杂陈，任凭眼泪默默地流淌。我把台

王麟烈士墓（滕州）

北忠烈祠视作爷爷的墓地一样，总希望有机会常常去祭扫，去看望。

到了2013年，滕州也为抗日牺牲的部分川军将士建立了烈士纪念墓地，其中也有爷爷的墓碑。我们兄妹每年都会自驾过去扫墓祭拜，带着鲜花和四川的家乡酒，同时也祭奠一下其他川军烈士。我哥说了，除非咱跑不动了，反正只要我们这一代在，我们都会去，每年都去看看他们。

2014年春，有一天，我接到个电话，对方是滕县保卫战中严翊营长之子严裕寿，他去台湾旅游时，受到何允中老师委托，在台北忠烈祠，请回了一幅王麟烈士灵位牌的大照片。制作精美的图片上写有“抗日烈士故王麟上校”及“烈士奋勇牺牲之气节永为我国人同胞缅怀景仰”几行醒目大字。我为烈士后人的情谊所感动。

但到这时候，我只见过爷爷的牌位，却还是没有见过他的长相。

这一年的9月，我和哥哥踏上回重庆荣昌的行程，准备去那里寻找爷爷。

之前，重庆荣昌县收集整理荣昌籍抗日烈士资料的时候，党史办主任联系到我们，说在重庆历史名人馆里有一尊王麟烈士雕像，邀请我们回老家看看。这个消息令我振奋。我们一直想找到一张爷爷的照片，想看到爷爷的真实形象，有雕像就意味着可能有照片。

在荣昌档案馆，我看到与爷爷相关的各种资料。《荣昌中学校史》中记载了第三班名册中王麟的名字；民国时期，奶奶周淑芬领取烈士抚恤金的凭据；还有《统战印记——荣昌英才》中的王麟人物事迹；《荣昌县志》中的王麟人物传略等。遗憾的是，始终没有找到一张爷爷的照片。

这次在荣昌见到了爷爷老家的亲戚，听他们说起一些爷爷的旧事。爷爷10岁时丧失双亲，在长姊资助下读书，每天带些冷饭去学校，课余时间他总是帮助做纸扇生意的姐姐家做些手工活和家务。爷爷十二三岁时考上荣昌县立中学，成绩优异，每学期都得到减免学杂费的待遇。中学时代，他受到新文化的熏陶，特别是接受了孙中山先生革命思想的影响，立志要为振兴国家尽到自己的责任。

爷爷曾撰写一副对联贴在自己的床头“国势衰颓多愤慨，民生凋敝总忧心”，日夜看读。这就是爸爸熟记在心的那副对联。中学毕业后，爷爷投笔从戎，投考国民革命军29军军官学校，以第二名的成绩被录取，从此，开始了军旅生涯。

据爷爷的外甥回忆，每次我爷爷回到老家的时候，大家都会集中到爷爷家。爷爷一回来，会给他们买东西、买礼物，孩子们都很开心。他们的另一个印象是，爷爷身上有一道很长的伤疤，说是因战负伤做过肺切除的手术。

五、爷爷的照片找到了

这次回重庆，我们还去了北川。因为爸爸曾回忆过，1931 年爷爷曾出任四川北川县长。

我们在四川省档案馆查到了爷爷手书的《北川县志绪言》，又在北川新县城档案馆内的县志办，找到一套珍贵资料：地震后重新印刷的老县志。其中有两部清朝版本，一部民国版本。而民国版本正是爷爷当县长时候修订出版的《北川县志》，爷爷为此书撰写了序言。

另有李景澄作的《县府二堂落成记》，又重点记述：

……今春智仁王公（爷爷号智仁）来宰吾邑，遂决议重修。……余闻王公居川东荣昌，上年任革命工作，足迹几遍全国，性爽直，工书。其来抚吾邑也，以英明果敢之才，行忠厚和平之政。

我饱含热泪阅读此卷，想象年仅 29 岁的爷爷上任县长后，修县志，重建县府二堂，兴建北街模范初级小学，设救济院一所、救济基金等，爷爷雷厉风行，身体力行，以民生文教为要，做出了许多业绩。

北川还有一处民国时期的县城治城，也叫禹里，传说中的大禹故里，从新县城到禹里，道路崎岖一直通向著名的龙门山深处。汽车穿过五六个“5·12”汶川特大地震后修通的隧道，使原来几个小时的车程缩短至十几分钟，同行人指着连绵起伏的山峦说，你爷爷当县长的时候，通往禹里的道路根本不通车，都是难以行走的羊肠小道，很多地方两只脚都不能并排落地。

王愔找到爷爷手书的《北川县志绪言》等资料

到了禹里，我站在老县府的前面，望着四周莽莽的群山和崎岖的山路，想到八十多年前，爷爷奶奶带着年幼的爸爸在这里生活。家里吃的蔬菜多是奶奶和随员在屋后所种，肉食是爷爷射猎的野鸡、野兔、麂子等，一家三口，其乐融融。这些年，沉默的爸爸得多想他的父亲呀。

尽管历史书里有很多爷爷的印记，但还是没有爷爷的照片。我想着这辈子见不到爷爷了，爷爷可能真的没有照片留存于世。

又是万万没想到，2015 年末的一天，我表哥易艾迪从成都打来电话，说爷爷的照片找到了！

“找到了？”我顿时激动得僵住了，不敢置信。表哥曾在川大历史系就读，是个做事特别靠谱的人，他的妈妈从川大图书馆退休，他的父亲是川大教授成恩元，著名的考古学家。所以表哥对搜集和整理资料有一种天生的责任感。与家族有关的事情，他都想去查个明白。

爸爸在世时就曾委托他找到了爷爷的《北川县志绪言》手迹。我

烈士王麟戎装照

也跟他一起在档案馆待过几次，按照同样的目录去找爷爷的照片，都没找到。现在想，可能也是档案馆的资料在逐渐地整理和完善，我们去找的时候，可能这些资料还没有很好地归档。表哥当即把爷爷的照片发给我。

那是黄埔军校高教班第五期同学录上爷爷的一张戎装照。我顿时觉得好熟悉好亲切，就和我千百次想象中的爷爷一模一样。虽然我爸爸是瘦脸，我爷爷那脸挺圆的，但是眉目之间有那种感觉在里面。我第一眼就肯定，这是我爷爷。

我赶紧把这个好消息告诉妈妈。妈妈说，她松了一口气。她说，这辈子做得最后悔的几件事之一，就是让你们没有见到过爷爷。她那时候年轻，被吓坏了，烧掉了爷爷的照片。

我跑到海边，告诉爸爸，爷爷的照片找到了，我还告诉爸爸，爷爷的墓地在滕州建起来了；王麟的名字被民政部列入了第二批著名抗日烈士名录；家乡荣昌和爷爷工作的北川，人们都记着他的事迹……爷爷的照片找到了，可我突然想起，姑姑还从没见过自己的父亲。

姑姑告诉我，她父亲叫“王正”，“正确”的“正”。可表哥按照名字、籍贯、通信地址，查了半天，说没查到，只查到“王政”，是“政治”的“政”。表哥把王政的照片拍给我，我通过邮件传给姑姑的子女。

烈士王政

四川的姑姑看到这照片，只一眼就对子女说："这就是我爸爸。"似乎无需相见，仅靠父女之间的血脉联系，便可通过照片相认。

表哥又把整条信息贴过来，照片上有通信地址，果然和姑姑父亲的信息一样。姑姑说，这个错不了，肯定是我爸爸。电话里，姑姑激动得不行，老是谢我，说王愔谢谢你，谢谢你呀。

我理解她的激动。是呀，一个从没有见过爸爸的孩子，七十多岁才第一次见爸爸的照片，怎么能不激动？

2015 年，民政部公布了第二批在抗日战争中顽强奋战、为国捐躯的 600 名著名抗日英烈和英雄群体名录。其中，解固基、邹绍孟、我的爷爷王麟等 12 位川籍将士名列其中。

我马上把消息告诉其他烈士的后人，这是对 300 多万川军抗战的肯定，如果父亲和爷爷泉下有知的话，肯定会更高兴的。

我平时很少发朋友圈，但是每逢与抗战有关的日子，我就会发文纪念。连我的学生都猜出来，问我是不是烈士的后代。

虽然，每个人的家庭都与国家的命运相关。我们家族有好几位先辈在抗日战场上付出生命，让我感觉自己和抗战历史有更直接的关联。

而我努力寻找到烈士的照片，只是想让后人能够看到烈士如此鲜活的面孔，也让后人和抗战的历史更接近一点。

曾经那么多忠勇的中华儿女，他们不仅没有被遗忘，他们拼死捍卫的民族尊严，还影响着无数的后辈。这可能也是我多年追寻的意义。

（口述人：王愔　记录者：刘霞）

崇阳之殇

1937 年 10 月到 1945 年 9 月，云南先后组建第 60 军、第 58 军、新 3 军出省抗战，总计派出 42 万人。

8 年间，滇军战斗足迹遍及山东、河南、湖北、江西、湖南、浙江等省。滇军参加了徐州会战、武汉会战及中国第九战区的几乎所有重要战役。

这 8 年间，滇军伤亡至少十万人以上，仅台儿庄一战就伤亡 18844 人。

刘北海就是阵亡在湖北崇阳的一位滇军团长，1984 年 12 月 27 日，云南省人民政府追认刘北海为烈士。

抗日战争全面爆发时，刘北海早已经解甲归田回家兴办实业，本可以不上战场的他，在家国大义前，选择慷慨赴死。

一、解甲归田实业救国

1899 年，刘北海生于云南文山西畴县英代村，他的祖先是从湖南邵阳迁徙而来，经过几代人的辛苦劳作，成了当地的名门望族。

刘北海生活在这样一个乡绅经济和乡绅文化氛围的大家庭中，长期受到中国传统文化的熏陶，令他从小立下报国之志。

也正因为家世显赫，刘北海少年时期就离开老家，前往文山师从名士杨必昌秀才。

杨秀才胸怀报国壮志而不得施展，把一腔热血都投入教学之中，面对学堂里的富家子弟，他教育大家不要华而不实或安于现状，要有进取报国之心。

刘北海中学毕业后，就考入“云南陆军讲武学堂”第 17 期步科。

因成绩优异，毕业即被任命为滇军某部中尉连长，后该部解散，经上司介绍到成都军校任中尉教官。

当时，刘北海已经婚配，原配夫人在西畴老家孝敬公婆抚育儿女。他在成都期间，迎娶了二房太太，对方是有文化的新女性，一直陪在其身边。

烈士刘北海军校毕业照（仅存的照片）

刘北海生性耿直，离开云南也无背景，仅凭一纸文凭，难以在一地立足，先后辗转武汉、开封、上海、广州、石家庄等地军事学校或部队任教官、参谋。

在历年辗转中，他参加过“讨袁护国”“五四运动”“北伐战争”等革命活动。其间，与社会各界的进步人士广泛结识交往，见识许多新事物，成为同辈兄弟中思想最进步、最开明者。

刘北海在上海任教时，适逢 1932 年

的“一·二八”淞沪抗战爆发，他应19路军和上海市民之聘，担任上海抗日学生军大队长。刘北海带领学生出入于苏州河两岸前线，积极投入保卫上海的战斗。

“一·二八事变”停战后，刘北海辗转到四川成都刘文辉所部任军职。此时，正遇红军长征北上入川，川军奉令堵截。

刘北海知晓“兄弟阋于墙，外御其侮”的道理，面对国难当头山河破碎，他不愿与红军作战，于是找了个借口，携带家眷返回云南。

受“实业救国”的影响，已经解甲归田的刘北海，总想着为家乡办点有益的事。

1936年，刘北海从昆明回西畴探亲，路过文山马塘时，看到马塘坝子热水寨、黄龙塘一带虽然土地肥沃，但因缺水无法耕种，十分感慨。

他想，多好的一片土地，要是能安台抽水机，把河水抽上来，就可以灌溉几百亩土地，老百姓的日子就会好过得多了。

刘北海回到老家后，开始积极筹备起这件事来。最要紧的就是资金，可他多年当教官又要养育妻儿，家中并无积蓄，只有变卖土地。

当时刘家整个大家族还未分家，对于靠天吃饭的族人，刘北海卖土地修水库这超前的思想没有得到认可。

但刘北海坚持认为这是对老百姓有好处的事，就是所有人反对，自己也要干，哪怕是倾家荡产。

拿定主意后，刘北海提出了分家，他将分到自己手中的大部家产都变卖了，加上平时积蓄，筹集了一部分资金。

在与好友、技术员王景如经过反复商议后，他决定在依人河中修建一个大型抽水站，抽河水灌溉马塘坝子。

此后，刘北海带领大儿子刘应天和技术员王景如来到马塘，参与工程的准备工作。

他亲自筹划机房位置、水泵扬程、渠道路线、施工材料、机械设备等事宜。

1937 年，水利工程动工，进展顺利。至 1938 年初，主体工程基本建成，部分法国进口的机械设备已从昆明运到马塘。

在当时交通相当闭塞、缺乏先进起重设备的情况下，把诸多笨重机器从几百里外运到施工现场，其困难可想而知。

就在马塘水利工程即将进入安装阶段时，全国抗日局势日益吃紧，以国共合作为基础的抗日民族统一战线形成，全国抗战情绪十分高涨。

以龙云为首的云南地方实力派积极投入全民族的抗战中。1937 年 10 月 5 日重阳节，云南滇军第 60 军在昆明巫家坝誓师出征。

1938 年 4 月，第 60 军奉命从武汉奔赴台儿庄，参加第二阶段的徐州会战，奉命驻防台儿庄附近一线，与日军展开激战。

在以禹王山为中心的战斗中，滇军配合徐州战区长官部的战役组织，坚持 20 多天的阵地战。粉碎了日军由台儿庄直下徐州的企图，取得了台儿庄大捷。

滇军在台儿庄血战近一月，阵亡旅长 1 人，团长 4 人，负伤旅长 1 人，团长 3 人，连长、营长伤亡殆尽，全军投入战斗 35123 人，阵亡 18844 人。

在第 60 军血战台儿庄的同时，云南立即组建第 58 军，云南省主席龙云亲自请刘北海出山，出任第 58 军新 10 师 2 旅 4 团上校团长。

刘北海接令后，委托马塘镇的镇长李荣堂负责继续施工，命大儿子刘应天辍学，配合王景如共同照料水利工程。

刘北海说过，本因多年颠沛，自己早已心存安居创业之想，离开军界，回乡办实业。但值此国难当头，一旦亡国，家安在？事业安在？

国家兴亡，匹夫有责。刘北海认为，自己本来就是军校出身，为国出力献身，义不容辞。

二、为抗日重回战场

刘北海到昆明后，先对部队进行了紧张的整训。

本来就是科班出身的军事教官，面对新招收的新兵，刘北海几乎每天都到教练场指挥练兵，亲自为战士做刺杀、投弹、翻越障碍示范。

在训练中，刘北海曾鼓舞官兵说，日本人并不可怕，可怕的是我们没有胆略和勇气。他列举淞沪抗战、平型关大捷、台儿庄战役，证明我们是可以打败日寇的。

而远方的战场上，第 60 军从台儿庄孤军突围后，辗转奔波，于 1938 年 6 月初赶到武汉，至此，敌我展开抗日战争防御阶段投入兵力最多、持续时间最长的武汉会战。

1938 年 8 月 1 日，刘北海率部从昆明出发，临行前，在金碧路的公园里带兵宣誓。陪伴在他身边的二房太太后来回忆，突然一阵风吹过来，旗杆竟被当场吹断了，当时大家就觉得不祥。

吹断旗杆不管是当时确有其事，还是后来思念中的幻想，但第 58 军的出征似乎注定了坎坷。

部队刚离开云南进入贵州境内，就碰上霍乱流行，死亡百余人。新11师师长鲁道源也身染重病，不得不返回云南医治。

部队继续前进，在随军记者黄声秋的笔下，湖南境内恍如另外一个天地，梯形的河流，炊烟袅袅、古刹钟声，一片田园牧歌的祥和。

目睹这祖国的大好河山，也更加激发起滇军战士们的爱国热情，以及对敌人的仇恨。

总共跋涉了一个多月，徒步走了3500余里，第58军终于到了长沙。此时，武汉会战已经进行到高潮。

而国民政府军事委员会马上发布整编命令，命令将前线的滇军编成第一集团军，下辖3个军，即第60军、第58军和新3军，而新3军是从第60军抽出第183师、从第58军抽出新12师组成的。

在这关键时刻，滇军前方主帅卢汉阑尾炎发作，到长沙湘雅医院住院，旋即代理职务的高荫槐也病留长沙。

张冲、安恩溥、杨宏光三名军、师长联名电请将部队移出战区整训，却未获批准。

在主帅未就，新兵未训，弹药不整，骨干短缺的情况下，又临战整编，就在这仓促、混乱中，滇军投入武汉会战就已注定要失败。

改编后，装备未卸、喘息未定的第58军，于1938年10月18日，乘粤汉铁路军车出征。

敌机为了阻挠增援，追着列车轰炸，十多位战士还未上战场，就被炸成重伤。

果然，等58军抵达赵李桥时，武汉城已经失守，日寇第11师团笠原信雄部沿粤汉线继续南犯。

1938年11月1日，第58军接受命令，开往通城东北的崇阳阻击敌人。

长途跋涉的第 58 军，武器弹药尚未领足，所领电台全部不能使用，还突然少编一个师，即仓促上阵，崇阳之败也是注定的了。

崇阳是武汉外围的一个战略据点，通城是湖北通往湖南平江和长沙的门户，日军打通崇阳和通城才能合兵攻击长沙。

11 月 4 日，日军避开实力强劲的第 60 军 184 师，直接扑向新 3 军，未经训练的新 12 师很快就抵挡不住，面对轰隆隆而来的坦克，这些没有经历过现代化装备的士兵们，看着“自己会走路的怪物”有些手足无措。

5 日午夜，阵地上到处是潮水般溃退下来的各路友军，整个崇阳防线已经无法维持。

6 日，天色刚亮，日军第 11 师团主力约 4000 人，乘着战车 30 余辆沿着公路进犯。刚刚布置好阵地的第 58 军将士开始反击。

激战到下午 1 点，崇阳附近的敌兵一度被击退。不久，日军增援反扑，出动飞机、大炮，配合坦克，对崇阳一带阵地实施轰炸。

6 日午夜，腹背受敌的第 58 军被迫转进到乌龟山和石城湾周围。

石城湾在战略上是敌我必争之地，7 日，战斗打响，战况依旧十分惨烈。据第 58 军随军记者黄远声所著《壮志千秋》一书中记载：

阵地上枪弹炮弹，织成一片火网，敌我双方在网里一会儿进、一会儿退，倒的倒下，血肉在空中飞舞……

这一战，第 58 军伤亡营连排长 30 余人，士兵 500 多，敌方伤亡更为惨重。

战斗持续到阵地工事被敌炮弹全部摧毁，第58军这才撤到石城湾。枪炮声彻夜没有停息，战事依旧在惨烈地进行中。

11月8日下午3时，第4团团长刘北海正在桂口市指挥所指挥作战。

突然，一颗子弹飞来命中他的头部，壮烈殉国。在指挥所办理重要文书的少尉书记江宏煌也同时牺牲。

刘北海牺牲后，广大官兵义愤填膺，多日来对日寇的仇恨达到顶点。

士兵们高呼“为刘团长报仇”，挥泪举枪，再次冲上战场，接下来是一连串的悲壮事迹：

第1连排长李坤甫、陈春坤等阻击沿崇通公路（崇阳至通城）南犯的敌人，终因寡不敌众，以身殉国。

机枪2连排长张继忠带领全排士兵与日寇激战两天两夜，在完成掩护全军阵地转移的任务后，全排牺牲在敌人横冲直撞的战车下。

我军牺牲越大，士气越加豪壮，敌人伤亡愈发惨重。

而随之，敌人增援也愈发增多，血红的太阳在战士的鲜血映照下，升起又落下，战地的枪炮声一刻也没停歇。

战斗直到11月11日，第58军接到北港集结，前往湘北平江整训的命令，部队才依次撤离。

滇军将士的热血，沁透了崇阳的土地。这群骄傲的云南健儿，是带着奇耻大辱离开了崇阳的。

一个个刘北海们，永远地留在崇阳。

三、阵亡后追授少将

刘北海壮烈殉国时，还未满 40 岁，被追授为陆军少将军衔。

追授少将的文书是由云南省主席龙云派侄子送到刘北海的西畴老家。据后人回忆，对方见到烈士母亲时，是双膝下跪，递上追授文书的。

西畴县政府在县中学南、金钟山前搭起临时高台，召开刘北海的追悼大会，有数千民众参加。

主席台中央安放刘北海佩戴少将军衔的遗像，西畴各界知名人士都来参加追悼会，会后举行“反对日本侵略，誓死保卫祖国”的示威游行。

烈士刘北海的遗孀和子女刘应石、刘应珠、刘应敏、刘应惠、刘应孔（大夫人所生二儿子）

刘北海牺牲的时候，原配夫人已经病逝几年了，她和刘北海共生育大儿子刘应天，大女儿刘应林，二儿子刘应孔，小儿子刘应均。

而二房太太当时才 28 岁，她膝下有二女儿刘应珠，三儿子刘应敏，三女儿刘应惠，幺儿刘应石。她不仅要照顾好自己的孩子，还要关照几个遗孤。

刘北海牺牲前，曾让大儿子辍学修水库，他牺牲后，年轻的大儿子无法完成父亲遗志，其他人也完成不了如此浩大的工程。

刘北海生前从国外进口的那些昂贵机械，当地政府变卖后筹集了一些钱，建了一所小学，也算是以另外一种形式延续烈士的报国之志。

在龙云主席的关照下，烈士遗孀开了家做军鞋的工厂，支援前线，加上抚恤金，日子还算过得去。当时大女儿刘应琳只有 16 岁，几年后，在遗孀的安排下，嫁给一位优秀的军医。

烈士刘北海的女儿刘应琳和 6 个孩子，左边是养女

刘应琳丈夫的老家是徐州的，徐州会战时就参加过抢救伤兵的行动。后来一路跟随部队撤退，到武汉、广西，最后来到云南，在昆明跟着美国人学医。

据刘应琳女儿张延龄介

绍，母亲的婚姻是完全包办的，夫妻结婚当晚才第一次见面。新郎官长年跟随部队辗转，只有一只皮箱，里面的衣服还是破洞的，但刘应琳是长女，刘家陪嫁还是多的。

其他不说，丫鬟就陪嫁了三个，两个成年，一个才八九岁。新中国成立后，大的丫鬟结婚去了，小的丫鬟就被刘应琳收养在家上学。张延龄一直叫她大姐，也一直以为是亲姐姐，后来才知道那是母亲陪嫁来的丫鬟。

结婚后，刘应琳跟着丈夫一起学习伤兵护理，丈夫任野战医院院长，她做护士。直到 1949 年云南卢汉起义，夫妻双双加入中国人民解放军第 13 军卫生队当医生。

不久，抗美援朝战争爆发，上级安排刘应琳随丈夫前往鸭绿江附近开设野战医院。部队在武汉整训时，才发现其家庭子女众多，随军不便，同意夫妻二人携子女转业回丈夫江苏老家。

刘应琳夫妇与女儿张延龄

刘应琳被安排在工人医院，丈夫在卫生局工作，虽然不能当主管，但他的医术很高，等级也很高，工资比院长还要高些。

刘应琳身在异乡，内心肯定是很牵挂家乡亲人的，当时西畴老家有 20 多户宗亲被划为地主。

张延龄说，母亲一直有神经衰弱，小时候不理解母亲的痛苦，只觉得她不尽母亲的责任，很少关爱我们，后来才知道历史的尘埃如大山一样压在父母头上。

刘应琳在徐州生活了十年，非常想家，又遇上困难时期，她就想如果在云南，怎么也不会饿死人。和丈夫商议后，于 1960 年，主动放弃公职，带着几个孩子回了昆明。

那时候调动工作很困难，丈夫一直等到昆明化工厂有个大学生想回徐州，俩人才得以对调。遗憾刚回到昆明没多久就遇上“文革”，刘应林夫妇再次分别，丈夫也没能再回到昆明。

张延龄虽然没见过外公，但她从母亲的性格中感受到了外公的音容笑貌。现在聊起外公，她还是会流泪。

她记得刚从徐州转到昆明后，母亲经常带她去圆通山，那里除了有非常雄伟的唐继尧墓，墓背后还有两排衣冠冢，是在抗日战争中牺牲的团长以上的烈士。

那时候她还不知道外公的事，只是跑过去随便看了一眼，还感叹牺牲的烈士都是些高级将领。

后来知道了外公的事迹，想到母亲是外公的亲生女儿，自己是母亲的亲生女儿，这种情感链接，让她感受到和外公的感情很深。

从没见过外公，连张照片也没有的张延龄，有一次，竟然梦见外公来看她。

她就想，外公为啥不去看别人，要来看自己呢，自己也得做个正直爱国的人。

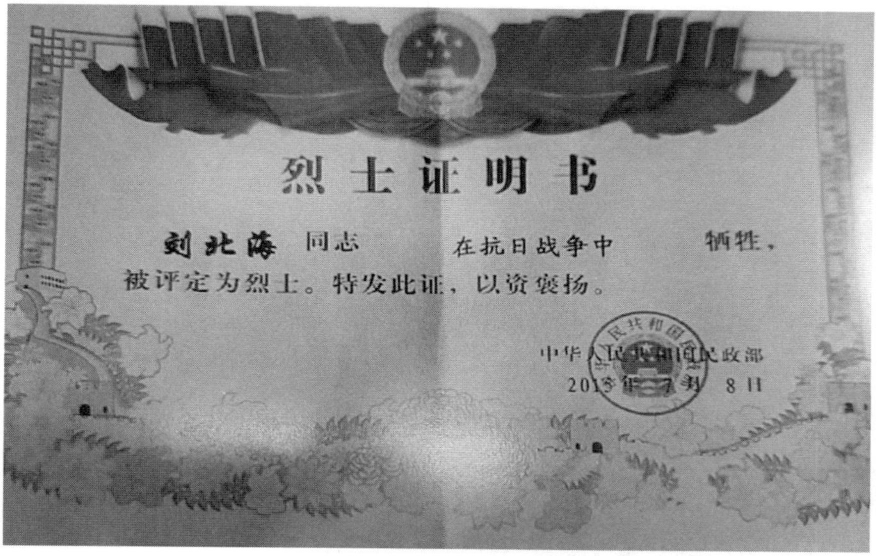

颁发给烈士刘北海的烈士证

张延龄多次提到爱国的传承，她说起外公的后人，最多的一个词，就是爱国，像刻在骨子里的基因。

刘北海烈士子女中不少人成了教师，就连身世最可怜的小儿子刘应均，不仅入了党，还当了校长。

为什么说身世可怜呢？刘应均母亲病逝的时候，他还在母亲身上吃着奶，一点父爱没享受到父亲就牺牲了。

他留在老家跟着祖母，小小年纪又经历了家族翻天覆地的巨大变化。后来是二哥刘应孔把他从老家接到昆明，才让他得以读书上学。

老二刘应孔也很优秀，毕业后分在省公安厅工作，他为人正直，多次立功受到表扬，深受领导重视。

一直到改革开放后，不再讲究家庭成分了，刘应均着手去调查父亲的历史，并开始为父亲申请烈士证。

刘北海烈士墓

1984 年 12 月 27 日，云南省人民政府追认刘北海为烈士。

烈士证下来后，刘应琳作为烈士子女，每个月有 150 块钱，医药费也能报销 80%，这为没有公职的她解了燃眉之急。

更重要的是，每年建军节都要召集烈士子女去开会，他们有了荣誉感。

1988 年，西畴县人民政府在本县烈士陵园内为刘北海建墓立碑，缅怀抗日英魂。

2005 年 9 月，值纪念中国人民抗日战争暨世界反法西斯战争胜利 60 周年之际，著名国际社会活动家陈香梅女士，应邀回国参加纪念活动。

云南省为此准备了一个很大的投资纪念项目，叫作“中美二战友谊纪念园”，以迎接陈香梅女士一行到来。

云南陆军讲武堂专门举办抗日战争专题展览，向公众介绍云南军民在抗日战争中做出的贡献和牺牲，其中有介绍刘北海烈士的专栏。

陈香梅女士听闻抗日烈士刘北海的英雄事迹后，十分感动，打算在刘北海烈士家乡筹建一所专门供贫困山区的女童们学习的学校作为“东方民族艺术社”的成果。

此事曾经得到云南这些二战老兵们的拥护。陈香梅女士回到美国后，欣然题写“刘北海春蕾希望学校”的题词，漂洋过海寄到昆明。

遗憾的是，随着这些二战老兵们先后离开人世，此事未能如愿。

2015 年，民政部公布了第二批在抗日战争中顽强奋战、为国捐躯的 600 名著名抗日英烈和英雄群体名录，刘北海是其中之一。

2025 年，在纪念中国人民抗日战争暨世界反法西斯战争胜利 80 周年之际，记录下刘北海烈士的故事，只为献给在抗日战争中英勇牺牲的滇军将士们，以及所有为反对法西斯侵略战争牺牲的英烈们。

我们虽不知晓您的名字，但你们永垂不朽！

（口述人：张延龄等　记录者：刘霞）

百封家书

2017 年 9 月 30 日，我独自一人在家，午饭时，电视播出的新闻吸引了我，天安门广场前正在举行一场隆重的纪念活动，国家领导人向烈士敬献花圈。

我是那时才知道，烈士竟然还有法定纪念日。我忍不住一下哭出声来，想到如果母亲看到这个新闻，她将会是怎样的心情？我突然下定决心，一定要找到大哥的牺牲地，一定要把大哥接回家乡，以告慰大哥的在天之灵。

一、放弃诊所，投笔从戎

我大哥叫娄绍定，1918 年出生，大哥作为娄家的长子长孙，聪明好学，深得外公、祖母和父母亲的疼爱。

我外公叫张恕凡，新中国成立前是长沙广益中学教导主任，我母亲张玉莹就出生于这样的教育世家。而我的父亲娄选士家境贫寒，好在自幼聪颖，在广益中学读书时，学业优秀，深得教导主任张恕凡老师的喜爱。

娄选士中学毕业后去做了小学教员，教导主任张恕凡决定招郎入门，将 14 岁的宝贝女儿许配给了 17 岁的娄选士。

两人成婚后，我的祖母想让娄家唯一的儿媳留在乡下做家务。我外公坚决不同意，两亲家为此争执不已。外公认为女儿年纪太小，且人聪明，应该上学读书，才有前途。祖母以家庭经济困难为由阻止儿媳上学。

外公理直气壮地表态：我女儿结婚了，是你娄家的人了，但我愿意出钱出力帮你娄家培养，她将来有出息，赚钱了，钱归你家，多好的事啊。

祖母拗不过外公，经过正式谈判，祖母终于同意了外公的决定，同意让母亲读完小学，再读湖南第一女子师范学校。母亲品学兼优，她与毛泽东诗词《蝶恋花·答李淑一》中的李淑一是同学，都是徐特立先生的得意门生。

母亲毕业后留在长沙市楚怡小学连续任教十多年。而我的父亲忠诚耿直，一心向往共产主义。大革命时，他担任浏阳西区农民协会秘书，被国民党逮捕入狱，得地下党营救。出狱后，辗转醴陵、长沙教书，继续与地下党陈昌浦、娄迪夫等联系，支持着地下革命工作。

毫无疑问，父母的革命思想影响了我们兄妹五人。我出生于 1934 年，是家中最小的孩子，大哥比我整整大 16 岁，我出生刚半岁，父亲就因病去世了，大哥于我，亦兄亦父。

大哥在广益中学毕业后，对绘画兴趣浓厚，于是报考了长沙国立美术专科学校。大哥吹拉弹唱，写画作诗，样样不落人后，各科成绩优秀，深得校长和教师们的赏识。而且大哥还爱好体育，任学生会文体部长时，还组建游泳社团，刚开始大家都不好意思报名，感觉有伤风化。大哥就自己手绘海报，题目叫“呱呱叫的医专游泳队诞生了”，非常风趣幽默，吸引了一大批同学参与，大哥的热情和才干深得同学们的喜爱。

日本发动的侵华战争，激起了大哥强烈的爱国情怀。他认为国弱民贫，学美术难以救国，要救民于水火之中，只有学医，救死扶伤，才能让民众不受生灵涂炭之煎熬。

大哥向母亲谈了这些想法，母亲很感动，一年后资助他考入湖南国

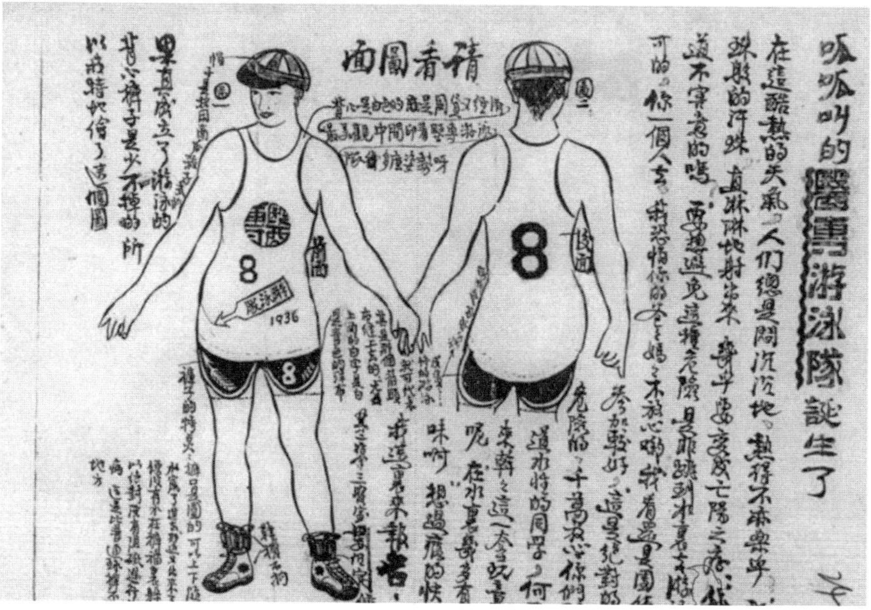

烈士娄绍定送给妹妹的手绘游泳队海报

医专科学校，现湖南中医药大学的前身。

大哥在主攻中医的同时，刻苦自学西医，各科学业成绩优良。毕业时，学校分配他去湘雅医院工作，当时有“北协和，南湘雅”之称，能进湘雅医院是多少医科学生梦寐以求的。可是大哥拒绝了，因为湘雅是美国天主教徒开办的医院，他不想去。

此时家里全靠母亲一人教书糊口，十分辛苦。母亲既要上班，又要照顾年幼的我，有一次把我带到自习课堂上喂奶，正好被督学看见，慌忙掩起衣服，脸都羞得通红。督学没有批评母亲，还表扬母亲是个要强的女子，一边带小孩，一边把课堂秩序维持得很好。

大哥思来想去，决定独自行医，也能赚钱给母亲补贴家用。在朋友的帮助下，大哥在长沙市油铺街平安居正式挂牌营业，开办了一家“中西医娄绍定”私人诊所。大哥给人治病时，主张处方简单，药物易配。一般的中医处方都在五六味药物以上，常常多至十几味。而他的每次处方总是只有两三味药，最多也不超过五六味药，可治疗效果非常明显。

大哥在毕业前夕编辑了一本《小病简治》，介绍的都是一些常见疾病最简单的治疗方法，适合医疗条件差的农村使用，而且绝大部分都是容易寻找的一两味药物。他在乡下遇上病人中暑休克，情况危急，竟然用缝衣针代替银针，将病人给抢救了回来。

金碑银碑不如老百姓口碑，开业才三个月，大哥诊所便名气大增，上门求医者络绎不绝。

1937 年 7 月 7 日，“卢沟桥事变”后，抗战全面爆发。尚处于大后方的湖南，肩负起了支援前线作战的任务。输送军需物资、接收战地伤病员，长沙的医院十分紧张。像湘雅医院那样的大医院里，早已被伤兵挤满。长沙街头也随处可见沾满血污的担架，哭喊呻吟的伤病员和行色匆匆的军人。

寒冬的一个深夜，大哥的诊所突然来了一位求医者，他的到来，改变了大哥的命运。

这个人叫李文开，他是国军的一个团长。李团长儿子患病多方医治无效，经人介绍找到了大哥。大哥接诊后，仔细把脉，只给了两次处方就治愈了孩子的病。李团长很赏识大哥的医术，认为像大哥这么优秀的年轻医生，去战场救治伤兵对国家贡献更大，极力动员大哥参军抗日。

当时抗日热情高涨，我们那里一条街的青年都去参军了，大哥同样是热血青年。经李团长这一说，毅然决定放下这间收入可观的诊所，到前线去救治伤员。他都来不及回老家与祖母和弟妹们告别，只对母亲说：“妈妈，国难来临，我不能等闲视之。我要去当兵，我要去前方救治伤病员！”

知子莫若母，母亲理解大哥的志向，她含泪送走了心爱的长子。临走时，大哥给家里留了一张放大的照片，是他戴着学士帽的毕业照，他把自己的名字拆开，在照片旁写了两句题词：“绍箕裘继承父业，定家邦投笔从戎。”

二、战场寄来百封家书

大哥报名参军后，赶赴湖北应城，在国民党军第83师某团担任准尉军医。两个月后，母亲收到大哥寄来的第一份战地家书。

母亲大人：

我在应城参加了两个多月的整训，于11月随部队来到山西五台地区，第一次尝试了战场上的滋味。我们医官的主要任务是上第一线抢救伤员。枪炮一响，凄惨的景象立即呈现在眼前。敌人的炮火摧毁一幢幢房屋，这里那里不时传来惨痛的嚎叫，或喊爹叫娘的呻吟。

我所注意的就是这些，立刻随着声音去寻找，给伤员打上吗啡针，然后命担架兵抬走，轻伤休整，重伤转送后方医院。三天的战斗中，顾不上吃饭。干粮不够，只好多喝一点水。想到日本鬼子的凶残，想到民族存亡的危机，仇与恨填满了胸膛，也塞饱了肚皮，忘记了饥饿。

一下火线，老百姓远远地叫声“辛苦啦”，也有来慰劳的，使我感到莫大的安慰，想家的心情也有所寄托，开始逐渐习惯起来。希望祖母和母亲不用挂念，希望弟妹们努力学习……

儿绍定

大哥上战场时我才3岁，我对大哥最初的记忆，就是我依偎在祖母怀里，听三哥给祖母读大哥的家书，虽然听不太明白，但我记得祖母泪水滴在我的脸上，湿漉漉的。

此后的八年，不管战事如何紧张，大哥都会按时给母亲写信，汇报自己的近况，多时一个月三封。大哥这一百多封战地家书，陪伴着我的成长，让我一直记得大哥的音容笑貌，更记得大哥每次都会在信中提到，特别交代哥哥姐姐照顾我这个幺妹。大哥还在一封家书里特别交代，把他喜欢的那张“游泳队海报”送给我做礼物，这张海报我留存至今。

我渐渐长大，大哥勇敢坚毅的形象，像英雄一样在我幼小的心里挺立，我常常凝视着大哥留给我的这张海报，天天盼望着这位像父亲一般关爱我的长兄早日归来。

烈士娄绍定仅存的照片

大哥参军后，武汉会战失败，大量人员与物资涌到长沙，加之之前长沙就积累了大量战略储备，又因为交通无法转运，不得已，国民政府提出了焦土政策。规定在日军进入城郊 30 里以内时，破坏任何可能对敌人有用的东西。然而计划没有变化快，1938 年 11 月 13 日凌晨，长沙一家伤兵医院意外失火，军队以为撤离的时候到了，一起浇汽油点火，大火焚烧了五天五夜，长沙成了一座人间地狱。万幸的是，大火逼近时，母亲带我们逃了出来。但家已经毁了，想到长沙是大城市，必然成为双方争夺的焦点，为了避免战乱，母亲带着我们回到浏阳老家。

那时，我们一家住在农村，上有老下有小，全靠母亲一个人撑着。母亲是小学教师，从没干过农活，但回老家后丝毫不娇气，种菜、养鸡、绣花都会。二哥娄伯平为了减轻家里的负担，读完高中后放弃升学，去广西投奔舅舅找工作了。

农村平静的日子也很快没有了。抗战节节败退，湖南一个个县相继沦陷，日军常常进村扫荡。鬼子一来，老百姓就跑进深山躲兵，年龄大的女孩子都把头发弄乱，把脸涂黑，怕被日本鬼子抢走。我年纪小，不用搞这些，就跟着母亲往山里跑。祖母裹小脚，跑不动，就让母亲带着孩子快跑，说自己一把年纪，大不了死掉算了。

当时哥哥姐姐在外面教小学，母亲带我进山，什么都来不及拿，只能带一条毯子，在山里露宿，到晚上就被蚊虫叮得全身都是包。山里没有吃的，鬼子走了，大家才敢回去做饭。母亲回家刚做完饭，鬼子就来了，母亲急急忙忙把饭装起来，拼命往山里跑。路上，母亲一只脚踏进了泥坑里，脚上沾满了泥和水，她顾不上扭脚的疼痛，好不容易坚持着跑到山里，让我吃上了饭。

日本鬼子离开了，我们才回家，好在祖母平安。她说，日本鬼子看到了她，语言也不通，不知道为什么，日本鬼子没杀她，我们家也没东西可抢，他们就走了。

我们也在大哥的书信中，了解着前方战事的变化。

母亲：

半月前，部队奉命坚守长城阵地，我们一个营担任守护城边的一个山头，团部离前沿阵地一华里许，我依然在最前线。战斗开始，日寇炮火密集，配合空中投弹，不到一个多钟头，我军伤亡惨重，全营士兵留下的不到一个连，团部调换一个营上阵。我仍然坚持继续救护伤兵。

一颗炮弹落在距离我不到三米远的地方，没有爆炸，诚乃万幸之至。然而接着不到几分钟，从远处飞来的弹片，打伤了我的右眼。本来可以立即回到团部，眼见伤兵众多，不忍离去。一会儿，古老的长城，被轰开了一个缺口，敌人如蝼蚁似的拥了过来，跑在最前面的大声喊叫着:“老乡，快走！老乡，快走！”

啊呀，原来日寇竟是利用中国人冲在最前面。这叫民族战争吗？！既然是老乡在喊，我也只好“遵命”了。我背着一个受伤的排长跑了半里多路，实在没有力气了，正好碰上两个担架兵接着抬走。

我回到团部驻地，紧跟着大家一道迅速撤离，来到了晋城。这次战斗，全团牺牲了四百多人，逃散了三百多人，留下了约三分之二的人马，现驻扎在晋城东郊休整补充。

现在，我的眼睛差不多痊愈了，但视力减弱，而伤疤将永远给我留下一个民族抗战的纪念标志。

儿：绍定于山西晋城

这是大哥1939年写的一封家书，他在战场两年了，残酷的战场对于大哥来说，已经习以为常，一次战斗牺牲400人，大哥也只是一笔带过。

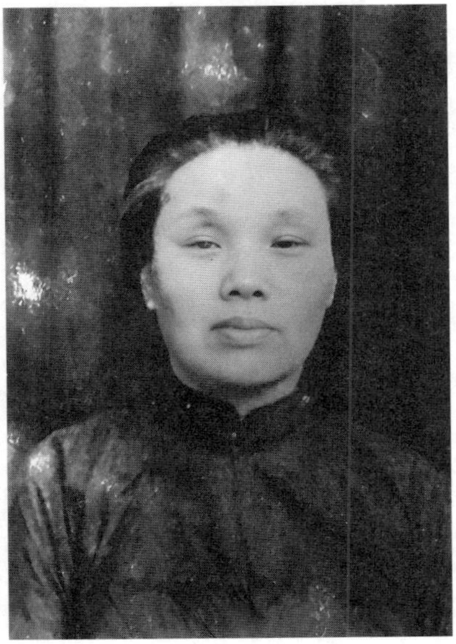
烈士娄绍定的母亲

在书信中得知，大哥除了竭尽所能抢救重伤官兵，每次休整期间，他都争分夺秒为老百姓看病。为了方便及时出诊，大哥还特意买了一匹棕色的马。这封信我从小就有记忆，因为大哥拍下他骑马的照片，寄给了我们。大哥在马背上的英姿，也就早早刻在我的脑海中。

到了1942年11月，大哥被提拔

到第94师担任卫生队队长，他在书信中写道：

我已于奉调94师李文开团任少校卫生队长。这一方面是李团长的点名提拔，也是凭我奋战沙场的应得。回想入伍，不觉五个年头了。这些年，我一直把士兵看作亲兄弟，竭尽了我们的能力，救活了无数重伤和濒临死亡的官兵。每次在休整期间，我都为老百姓看病。半晚叫我，也从没有推辞过，他们对我也很热情。从准尉到少校，这是第四次晋升。

部队目前的任务是据守洛阳以北黄河南岸，师部立在平乐。我们团驻扎金村，暂不出击，每日除替老百姓看病外，没有别的事情。现将我的住宅布置情况绘画寄上，以供母亲了解我的生活环境。冬天来了，被子不够，我买了几斤棉花，自己动手铺了一床棉被，仿照北方人的做法，不用棉纱，盖着倒还温暖舒适。

九旬的祖母，至今尚不知父亲早已去世，二弟不升大学，就业舅父处，也好为母亲减轻部分负担。三妹、四弟、五妹年轻，必须坚持读好书。经济困难，我可以按月寄些钱回，略以弥补。望母亲保重。

除了汇报战地日常，大哥思想的变化，也在家书中有所体现。在1943年8月的一封家书中，大哥详细记录下他的梦境，这个梦境其实是他潜意识里的真实反应。

母亲：

今天上午给几家老乡看病，因为几个病人家相距很远，回到金村，十分疲倦，倒在床上，不知不觉睡着了。

那是在华中美专读书的时候，为组织同学开展游泳比赛，我画了一个引人注目的刊头。女同学首先不肯报名，经过我一番游说，有几个女同学大胆地响应了。我这个学生自治会干事，毕竟还有一点号召力，我心里乐滋滋的。本来是到湘江，仿佛来到了黄河，是日本鬼子追来了，过河紧迫，船不够用，怎么办？伤员必须优先，勤务兵要我上船，我命令说：让伤兵先上船吧，我能游泳，说着，一跃跳进了黄河。水流湍急，一个个浪头无情地向我打来，由于情绪的紧张，有时也难免要呛口水，我只得顺着浪头斜游而过，划着划着，实在太累了，平常一支短枪带在身上，毫无负担，这时却嫌弃它太重似的。远远地传来了日寇的枪声，催促我用尽了气力，漂流了好几华里才到达了南岸，刚一登岸忽听远处有人在大声喊叫“娄队长，娄队长。”

我从梦中醒来，原来是一个中年妇女，她丈夫偶患急病，请我去治疗。我急忙起床跨上我特为老乡看病而购买的棕马。一路上回想到梦里的情况，全是事实的回忆，只不过是学生时代与多日前的实事连在一起罢了。

半个月前，我们部队奉命出击，被困在河北山地，达四天之久，山地缺水，连干粮也无法吞下，天气又炎热，官兵们口渴得无力讲话了，唯一的只有马尿。士兵们大都守在战马旁边，马一撒尿，都抢着接下来，分喝一点止渴。几个伤兵送不出去，叫苦连天，怎么办？救护伤员是我的职责，我不能让他们也去喝马尿，无奈何，只好将仅存的半壶多水，分给了几个伤兵。过了几个钟头，我实在口渴得难以忍受，只得也跟着士兵们一道，喝了两口马尿。在渴极无聊时，对于马尿的骚味，倒没有多大感觉，只是酸中有辣，第二口就难以咽下而已。好在当日晚上就奉命突围，一下山就找到了水源。大家喝够了水，力气也足了，一个通晚，边战边退。拂晓就到了黄河北岸，迅速抢渡。我划水过河，正是上述梦中情景。

这次战斗，使我想到对国军的担心。几年来，我从多方面得知，八路军的群众关系很好。这次回到驻地，就有人说，如果是八路军缺水，随时都有老乡给送去。可我们这次被围困，附近的老乡都跑光了。看来国军虽有战斗力，但缺乏群众的支持，抗日必胜之说莫测。想到这里，感慨万千，才提笔写此信……

儿绍定

三、两兄弟先后牺牲

大哥思想的变化，也为他后来离开国军，加入八路军奠定了基础。

这一时期，家里收到二哥广西的来信，说广西也沦陷，他也要去参军了。二哥参军后考上了黄埔军校，可惜上战场没多久，二哥就牺牲了。

当时日军在进攻贵州时，二哥承担了保护盐局档案的任务，带着档案走在最后面，到黔贵边界下司镇的路边，突然遭遇到日本鬼子的袭击，他孤身作战，被日寇连捅了 8 刀。

收到舅舅的信后，我看到母亲日日夜夜地哭泣，我感到家里出了很严重的事情，这才知道二哥已经死了，母亲还要让我们瞒着老祖母，不要告诉她。我当时不到 10 岁，听着都觉得害怕。8 刀啊，二哥死得太惨了。

兵荒马乱，每个人活下来都难，况且隔着千山万水，根本无法去寻找二哥的忠骨。一家人只是更加担心前线的大哥了。我们把二哥牺牲的信息告诉大哥，要他千万保重，大哥回信安慰我们。

那一年，河南战场上的形势同样严峻，大哥迎来了他从军生涯中规模最大的一次战役。

那是 1944 年 5 月，日军发动豫湘桂战役，大举进攻洛阳，当时驻守洛阳的是国民党的第 15 军和大哥所在的第 94 师。第 15 军的将士有很多洛阳本地人，发誓死守洛阳，与洛阳共存亡。第 94 师是临时拨给第 15 军协助守城的，因此被安排到了相对安全的城厢区。然而，在坚守洛阳的 20 多天中，援兵始终不到，第 15 军退入城内，与第 94 师一起坚守城厢区。当时的战斗分外紧急，大哥和其他军医都拿起了枪和手榴弹作战。5 月 24 日，洛阳城破，经过一天的巷战，洛阳最终沦陷，第 94 师溃散，突围之后，只剩下不到两千人。

大哥在战斗中身负重伤，失去知觉。日军攻陷洛阳城时大哥有一个姓李的助手，是偃师人，他发现大哥尚有一丝气息时，连忙请人把他抬走，带到偃师大口镇肖村自己的家中，交给在村里当医生的父亲医治。

在李医生家治疗期间，大哥得到了李家无微不至的关照，李医生觉得这位年轻军医不但对国家忠诚，而且医术水平远远超过自己，于是让自己的女儿李玲也跟着大哥学医。后来，李医生要把女儿许配给大哥，才知道两个年轻人已经在共同讨论医术的过程中相爱了。

洛阳保卫战期间，大哥的书信断了一个月，再来信时，他在信中详细介绍了未婚妻一家，而且还说他看透国民党的腐败，决定和李玲一起加入偃师的八路军游击队，成了八路军战士。

这对于母亲来说，是双喜临门，她想到一心向往共产主义的丈夫，大哥的选择是对父亲最好的慰藉。在八路军中，大哥继续担任军医，跟着部队在偃师、孟津一带打游击战，抗击日寇。

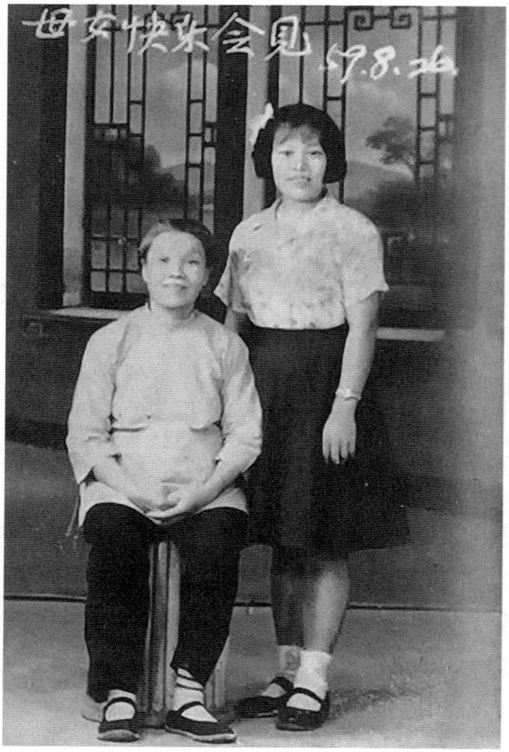

烈士娄绍定的母亲和妹妹娄绍兴

1945年3月春末，家里收到大哥的一封家书。这封信是用红笔写的，似乎预示着战斗的激烈，自己的生命随时终止。

这是一种不好的预兆，家里人为大哥担惊受怕，每天盼望着哥哥和“准嫂子”能双双归来。可是后来，再也收不到大哥的信件了，祖母和母亲心急如焚。

二哥为抗日已经牺牲在异乡，大哥生死不明，父亲也早因病而故。我的三哥娄仲平成了家里唯一的男丁，成了家里的顶梁柱。三哥比大哥小八岁，和大哥一样机敏能干。大哥每个月寄给家里的信，都是三哥读给家里人听，大哥的信件也一直是由三哥保存。

三哥想了一个办法，把收藏的大哥家书全部拿出来，仔细看每个信封上的邮戳，根据时间地点，在地图上标记出来，复原出大哥部队作战的轨迹。他用复写纸写了一百多封信，逐个寄往邮戳上的地址，帮母亲打听大哥的情况，都没有回音。

1945年8月15日，日本人宣布无条件投降，全村人都高兴得不得了，奔走相告：日本鬼子终于被打跑啦！可是大哥还是没回来，也没有任何消息，这让我们感到分外揪心。有一天，母亲伤心地说，大哥恐怕已经不在了，说着，两行眼泪从她眼中滑落。其实我们能猜到，战争胜利了人还没有消息，大概是牺牲了，但还是不愿意相信这个残酷的事实。

大哥参加抗日战争已八年，竟然倒在胜利前夕，这太不公平了。

终于，就在抗战胜利的那个月，三哥收到了一封关键的回信，是我们“准嫂子”李玲的弟弟，也就是救过大哥的那位助手写来的。原来，在1945年4月，大哥已经牺牲了。

那时，偃师抗日游击队与日军激战，大哥冒着炮火抢救伤员，胸部中弹，被抬到大口镇后，因为伤势过重不幸牺牲。李玲十分悲痛，当地群众也陷入了悲伤之中，大家都知道，娄医官既是一位抗战勇士，也是一位关心百姓疾苦的良医。大口镇附近有一座高祖庙，为了表示对大哥的尊敬和纪念，群众决定把大哥埋葬在那里，让百姓永远记住这位抗日英雄。

四、母亲哭瞎了眼睛

1945年10月10日，是抗战胜利后第一个“国庆节”，人人都庆祝抗战胜利，非常热闹。全镇的小学集中起来开庆祝会，我们走了12里路去参加。那时候我才10岁，走到一半就走不动了，是被一个男老师背过去的。我上台唱了一出三哥教我的京剧《贺后骂殿》，大家都夸我，说我这么小就能上台表演了。

对我们家来说，这场庆祝一半欣喜，一半哀伤。我们家人都是爱好广泛的，大哥也是。现在抗战胜利，他的心愿终于达成，可他再也不能和我们一起欢唱了。那时我还小，还不能体会母亲失去两个儿子的痛苦。

只是在无数个深夜里，我经常看到母亲辗转难眠，听见她轻微的啜泣声。母亲多次对我们兄妹说："日本鬼子杀死我两个儿子，我伤心透了！我恨死了日本鬼子……"

平时，母亲拿大哥的事迹来教育、勉励我们，她总是给我们讲大哥在战场上看到的惨状，身边的士兵成片成片地倒下……每次讲这些事情的时候，母亲都会哭。而到了哥哥们的生日、春节、中秋这些全家团圆的节日，母亲更是一边哭，一边念叨着儿子们。

很快，母亲的眼泪哭干了，眼睛也慢慢看不清东西。抗战胜利没两年，她就因为眼睛不好，而提前退休了。随着时间的推移，母亲对哥哥们的思念反而更重了，她身体越来越差，最后竟卧床不起。

我毕业后，也成了一名教师，并加入了中国共产党。"文革"中，我们这些老师被说成"臭老九知识分子"，被批斗，被抄家，大家惶惶不可终日，我忽然想到，大哥留下的东西怎么办呢？

他读医专之后的论文上了医书，那本书上有国民党党旗和孙中山头像，要是红卫兵来抄家，给翻出来了，那就是罪证，我们全家都完了。我和母亲一商量，生活要继续，大哥已经不在了，这些东西干脆烧了算了。夜深人静，趁大家睡着的时候，母亲和我关严门，在屋子里烧书。

事到临头，母亲还是舍不得。她翻着大哥留下的遗物，看了又看，狠下心扔到火里烧掉，一边烧一边哭。这些东西都是最宝贵的记忆，

烈士娄绍定的妹妹娄绍兴

曾经让母亲引以为豪，可在那个时候，她也只能亲手毁掉这一切。抄家的红卫兵来了，我问他们来干什么，他们还叫我娄老师，说是革委会让他们来的。我不卑不亢地挡在门口，说我入党好多年，我没有问题，也没什么可查的，我不欢迎你们，你们赶快走。

红卫兵最后没抄我的家，学校里的老师都对我竖大拇指，称赞我正义感强。革委会主任说我这个人厉害，"惹不起"。我们家平安度过了"文革"，但是，想到我们因为害怕烧掉了大哥遗物，实在是又后悔又悲伤。我们只能宽慰自己，算了算了，人都没了，那本书烧了就烧了吧。

但哪能说算了就算了，丧子之痛已经让母亲的心伤透了。1972 年的秋天，瘫痪在床的母亲，突然在床上号啕大哭，一边哭一边捶床，我们以为她疯了，赶快跑进去问。没想到，母亲是看到了手中报纸上中日建交的消息，一时忍不住情绪失控。她一边哭一边大喊，说："日本鬼子杀了这么多人，我们这一个家庭，就有两个儿子死在他们手里，全国得死多少人啊，现在两国建交了，我的儿子呢？他们在哪里呀？"

从此以后，母亲就彻底垮了。渐渐地，母亲神志就真的不太清醒，总是念叨着大哥的名字，对我们说大哥没有死。有一次，母亲看到报纸上出现了一个官员的照片，母亲激动指着照片说，她儿子没有死，那就是她的儿子。我们都知道这是疯话，是母亲实在太想她的儿子们了。没两年，母亲带着对儿子的思念和遗憾去世了。

让两个儿子回家，是母亲一直的心愿。那时交通不便，经济困难，信息又不灵通，根本就没想到要去寻找墓地之事，而我们忙工作求生存，也没有精力去弄此事了。

五、八旬妹妹寻哥哥

直到 1989 年，湖南浏阳民政局突然通知我们，说要给大哥评烈士，因为大哥牺牲前参加了八路军。并且为了准确记录大哥八路军的生平，浏阳市党史馆成立了工作组，到大哥战斗的地方去走访。

我们听后都特别高兴，平时负责保管大哥信件的三哥和工作组一起去了河南偃师，走访年长的群众，调查大哥在洛阳一带参与抗战，为百姓治病的真实情况。当时，大哥的军队驻扎在洛阳周边，他给百姓看病十分热情，医术又好，几次抢救危重病人，给群众留下了深刻印象。

孟津县有位老人在解放前曾经担任村里的小学校长，他回忆说，娄军医当时担任卫生队长，和他常有来往，还去他家里拜访过。无论哪家请娄队长看病，他骑上那匹棕马就过去，从来不收费用。还有一位 60 多岁的大爷说，娄医官曾经救过他母亲的命，后来娄医官牺牲了，他母亲还带他去祭拜过恩人。

当地人都记得大哥被埋葬在汉高祖庙附近，可惜的是，汉高祖庙在新中国成立后被拆毁，当时又没有网络、卫星地图之类的先进技术，要找一座散墓，几乎是不可能的。因为经费问题和工作人员的时间不足，三哥只能放弃寻墓。

三哥这趟河南之行有一个意外的收获，他见到了曾经的“准嫂子”李玲。昔日英姿飒爽的八路军女战士，在新中国成立后做了一名普通的妇产科医生，已经退休，三哥看着大哥曾经的恋人，感到分外亲切。

李玲告诉我三哥，我大哥牺牲之后，她继续在八路军部队中，参与了解放战争，后来与部队失散，就回到老家做医生，结婚生子。如果不是因为战争的残酷，命运的弄人，她本来应该成为娄家的儿媳，我们的大嫂。即便如此，我们得到她的音讯时，彼此也觉得像找到了失散多年的亲人。

这些调查来的资料都收录在案，大哥被评定为烈士，但当时没有发烈士证书，我们也没在意，只要国家记得他就行。

岁月催人老，我退下工作岗位后，我也常常想到大哥在七十多年前的来信中，总是提到家里人要多照顾我这个幺妹，并且把他亲手制作

娄绍兴 40 岁援藏学会骑马

的游泳海报留给我做纪念，我的眼前总是浮现大哥骑着棕马去给百姓治病的情形。

两个哥哥牺牲时还没结婚，更没有后代。而我们竟然连他们葬在何处都不知道，如果我有生之年不去把他们找回来，他们将永远成为四处飘荡、无人祭奠的忠魂。

2017 年 9 月 30 日，看到烈士纪念日新闻时，我决定先找到大哥的埋骨之地，把他迎接回老家的烈士陵园，方便祭扫。二哥和家里联系不多，实在没希望找回来，但大哥留下的资料齐全，还是政府认定过的烈士，我想接他回来理所应当。

然而，刚开始就遇到了困难。

这一年，我已经 83 岁了。我是一位受党培养教育多年的中学高级教师，大学毕业后曾援藏，在教育战线辛勤耕耘了几十年，是一位做事极其认真的老太太。我酷爱学习，40 岁学游泳，60 岁学骑摩托车，70 岁学电脑，80 岁学摄影、玩微信、玩抖音，一辈子都在孜孜不倦地学习中。

我先从学习烈士政策开始，先把文件抄录在笔记本上，然后再用红笔划重点，一一都记在了心里。先打电话去浏阳烈士陵园询问时，工作人员却说烈士墓地采用属地保护管理原则，大哥散葬在河南乡下，应该找河南政府就地保护，不能迁回浏阳。

这个回复给我当头一棒。但我不死心，继续查规定，终于在《烈士褒扬条例》中找到："烈士如果未在烈士陵园安葬，县以上人民政府应该征得家属同意迁葬。"

作为家属，我强烈要求把哥哥迁回浏阳安葬，所需费用不多，我们自己承担，只希望核实批准大哥进陵园安葬，对方这才同意我自己去办。不过，后来他们还是补助了我 1000 元钱。

马上，我制订了一个迁坟工作方案，一项一项去做。每次去相关部门、打电话沟通之后，对方的回复和遇到的问题，我全部记录在册。我在电脑上做了 10 多个笔记本，打印出来后，装订了一个厚厚的本子。

迁坟第一步，先需要烈士证书。但 20 世纪 80 年代民政部门评大哥烈士时，并没有给我们烈士证明书，大哥的事迹被收录进了《长沙英烈》第五卷，我们家什么证明都没有。

我开始从头整理大哥的资料，准备去湘潭民政局递交申请，要求补办烈士证明。可我将相关材料准备好，送到民政局时，接待我的科员以为我来要抚恤金，根本不接我的材料。

生活在和平年代的他，可能永远无法理解我们那代人对抗日将士的敬重，更何况是烈士家属。

工作人员的冷淡没让我气馁，我转身走进旁边的工作室，一位女科员热情地接了我的资料，给我倒茶，请我坐下慢慢谈。民政局优抚科的书记积极帮我办理，两个月后，他们把迟到多年的烈士证明书、光荣牌送到了我家里。

拿到了大哥的烈士证明书，我开始准备想办法在网上联系河南的有关部门，寻找到大哥墓地的位置。这个想法，连我在公安系统工作的儿子都不敢相信，跟我说："妈，这怕不可能吧，当年舅舅去都没找到，七十多年了，怎么能找到一个没有标记的散墓呢？"

儿子虽然觉得没有希望，但看我态度坚决，非常支持我，也给我出主意，告诉我可以试试联系当地政府，说明缘由，请他们帮忙寻人。

我沿着哥哥当年打仗走过的地方，在网上查询河南洛阳市、偃师市、义马市、三门峡市等地方政府的联络方式，请求公安部门找人，又给五位市长的邮箱写了信。

大家都说我这是在大海捞针，我没有争论，心里却暗暗较劲，就是大海捞针，我也要捞上来！功夫不负有心人，当电话打到偃师市民政局后，他们非常重视，派工作人员经过实地走访，竟然真的帮我确定了大哥埋葬的位置。这么多年过去，曾经毁了的高祖庙已经原址重建，行政区划也从大口镇改成了缑氏镇。

家人听到消息都很高兴，我发了朋友圈，许多朋友都来给我点赞，一件不可能的事，竟然变成了现实。我想要是母亲还活着，最高兴的应该是她，我终于帮她找到儿子，帮她把儿子接回家。

更让我惊喜的是，义马市的市长还给我回了邮件，告诉我李玲和她的弟弟都已经去世很久了，但他们通过公安系统，找到了李玲的三个子女。我试着把电话打过去，李玲的子女十分热情，觉得这么多年过去，我们能联系到他们，是前世有缘，如果我到河南，他们都可以帮助我。

家里开会决定后，由大儿子陪我到洛阳。李玲的女儿工作很忙，但她亲自来接我们，从见面她就视我们为亲戚，称我为阿姨，十分亲切，也很温暖。她送我们到偃师民政局，晚上再独自冒着倾盆大雨开车赶回洛阳，晚饭都没能来得及吃一口。

2018 年 9 月 19 日上午，我终于到了大哥长眠之地，一路上脑海中都是他的音容笑貌。新修的高祖庙在一座小山坡上，到大哥的墓地还需要步行几分钟。

天下着小雨，路又湿又滑，稍不注意就会摔跤。我带了相机准备拍

当地干部陪着娄绍兴一起给大哥娄绍定烈士迁坟

几张照片留纪念，没想到，刚举起来，发现相机坏了，只能放进包里，专心走路。后来我还想，是不是大哥怕我摔倒，想让我专心走路，才让我的相机坏了？

大哥离开家时，我才 3 岁，在他的记忆里，幺妹一定是个没有长大的孩子。就像在我记忆中，他永远那么年轻和英俊。想到这些，我的眼泪又湿了眼眶。

大哥的墓地是一片泥泞的荒野，他的尸骨早已消融在他保护过的这片土地。当地政府部门十分重视，带了酒、香烛、鞭炮，举行了祭奠和欢送娄绍定烈士的仪式，感谢大哥在抗日战争中做出的贡献。

祭奠过后，双泉村的村长用铁锹一点点帮我取坟土，我小心翼翼地把土装到袋子里，抱上车接大哥忠魂回家。

回家后我把这些坟土分成几份，一份送到浏阳烈士陵园为大哥立了

娄绍定烈士墓

碑；一份洒到父母、三哥、姐姐的墓前；还有一份，我用塑料瓶密封起来，放在家中永远陪伴着我。

我的大哥娄绍定是找回来了，但二哥娄伯平因为资料太少，只能永远留在异乡和青山作伴，其抗日忠魂永垂不朽。

（口述人：娄绍兴　记录者：欧娅）

红色庄园

8 岁的那天，很混乱。

场景很混乱，记忆也很混乱。大人在争吵，吵得很凶，争吵是以我为目标展开的。一边的人要强行把我带走，一边的人坚持不让。激烈拉扯间，我记得自己没有哭，我知道他们都是为我好。

大家都想照顾好烈士唯一的女儿，因为我爸爸牺牲了。

我只模模糊糊记得，母亲和继父把我抱走藏了起来。继父一家人团结一心，都在帮着母亲阻拦寻找我的人。他们吵吵嚷嚷了很久，最后我还是被来的人找到了。

找我的不是别人，是我爸爸的三个妹妹，我的亲姑姑们。我的小姑姑找到我后，抱起我就开始往村口跑。她比我大 11 岁，一路跑得很吃力。

我的母亲和继父在后面追，大姑和二姑则在拼命阻拦，最后两边人再次撕扯在一起。我夹在其中，被他们的争吵声紧紧包围着。他们吵得不可开交，最后没办法，小姑姑直接抱着我找到了村公所，要请村里的干部评理。

姑姑们说，嫂嫂已经改嫁过去就算了，但是这个女孩，是大哥唯一的血脉，我们必须要领回去。母亲当然是舍不得我，爸爸牺牲以后，我是她在这世上唯一的寄托。而且她才和继父成婚没两年，还没有自己的孩子。如果我走了，那么她一个人在这新家也是孤苦无依了。

两方各有自己的理由，村公所的人也不好裁决。最后他们就问我，愿意跟谁走。我想了想，母亲、继父待我不错，但继父家里还有一个老奶奶，老奶奶有自己的孙子、孙女，不怎么待见我。于是，我说，我愿意跟姑姑生活。

不记得母亲的反应了，肯定是很伤心。只记得母亲向姑姑请求，说我现在还小，希望过两年大一点再把我送回去。姑姑们商量了一下同意了，但提出了条件，说我留在母亲身边也行，但我已经 8 岁了，必须得上学。

母亲和继父同意了，于是那年 9 月，我上了小学，比其他的同学都大些。

一、庄园神秘人

我的爸爸叫庄冠周，他牺牲时，我还没满周岁。

我老家在广东省吴川县山基华村，祖上太公曾是满清秀才，在村子里算是大户了。庄家大院在村里算气派的了，一栋大瓦房，前后带院子，正门朝东后门朝北，大门口有一个门楼，上面常年挂着一副对联。上联：

恩承北阙，下联：业绍南华，横批：鸿禧。

门楼上还有两间阁楼，用来做书房，也能住人。房子进门是一个大厅，能放下四张吃饭的桌子，大厅里常年供奉着祖先的牌位。相邻的还有一个天井，左右两边有三间房可住。

穿过大厅和天井，往后门越过一条小路就是自家的小花园，面积不大，但里面除了花卉，还种了番石榴、黄皮、芒果、龙眼树这些。

以前南方家庭孩子多，我祖母前后一共生了 13 个孩子，最后有 7 个活下来了。我爸爸是家里的老大，长兄如父，兄弟姐妹都很敬佩他。

1931 年，抗日名将张炎回老家创办了世德中学，我爸爸就是这里的第一批学生。张炎曾是国民党陆军第 19 路军 61 师的旅长，参加过著名的一·二八淞沪抗战。后因不满蒋介石的消极抗日政策，回到家乡自己组织了一支抗日武装力量。后来张炎又在梅菉创办了军事学校，培养抗日骨干，爸爸也跟着继续念书，成了抗日学生军的一员。军校里的教官，有国民党人也有共产党人。

烈士庄冠周

爸爸毕业后做了镇上自卫队的队长。爸爸成家后，更加忙碌了，好在我母亲念过 9 年私塾，在家里算是文化水平最高的女性了，一直帮着祖母上上下下照顾庄家，以及我爸爸带回家的神秘人物。

这些神秘人物每天吃住都在庄家大院里，几乎从不出门，其中最长时间有住过半个月的。他们每次要走的时候，爸爸都会特意叫我小叔叔去门外看看，确认没有人了才敢出去。当时家里人只当他们是爸爸抗日的同学，从来没有多问过。

有时候，爸爸也在家里宣扬抗日、推翻强权统治的讲话："新三民主义、共产主义是我们的理想，是我们为之奋斗的目标。"他还揭露了国民党破坏国共合作，破坏抗日的真相，号召大家团结起来，共同抗击日本帝国主义者的侵略。

当时广东地区大半已经被日本人占领了，我们山基华村属于吴川，暂时还算安全。但村里人员也很复杂，有国民党，有汉奸，也有共产党人。

1943 年前后，爸爸在执行搜查任务的时候，得罪了一个有背景的人。对方对他不依不饶，爸爸不愿低头，一气之下就辞去了队长的职务，回家务农了一年。后来还是上级任命，他才又回去做自卫队长。

直到抗战胜利，爸爸才跟家里坦白他是共产党人的身份。原来爸爸早在 1938 年就加入了中国共产党，开始了秘密的地下工作。他的入党介绍人就是张炎家里种花的园丁，潜伏在军校里。家里人这才知道，那些之前来往于庄家大院的神秘人，都是抗日武工队的队员。

庄家，居然在不知不觉中，已经成了共产党的秘密联络站。其实在我爸爸的影响下，庄家全家人都在不知不觉中投入了地下后勤工作。除了照顾爸爸的战友，还帮助爸爸在阁楼上隐藏大批的枪支，召集乡亲们到家里听爸爸宣传革命思想。特别是我的祖母，为了解决我爸爸党组织的活动经费，将家里赖以生存的 40 担谷的田地出售，地款全部无私交给儿子。

抗战胜利以后，国共两党在重庆签署了《双十协定》，但是私下里，国民党却加速了对共产党的清剿。1946年的农历三月初四，天才蒙蒙亮，门外突然出现了一队国民党兵，他们持枪冲进我们家。

一阵枪响后，爸爸突围了出去，他的战友陈阿福跟我小叔叔庄严还住在阁楼上，一时难以突围，只能先躲起来。敌人上来搜查，阿福开枪打死了一个。对方见他态度强硬，手里又有枪，便往阁楼顶上扔炸弹。三枚炸弹，相继在房顶上炸开，爆炸声震耳欲聋，瓦碎了一片，房顶上全是窟窿。阿福见抵抗没用，只好束手就擒了。小叔叔躲在一边，眼睁睁看着阿福被抓走，自己却没有办法，又无力又难过。

当时小叔叔才16岁，整个脑子是木的，不知过了多久，才在烟火味中回过神来。只见家里一片狼藉，桌椅被炸散了架，不断传来妇孺老小的哭声。

爸爸突围出去以后，好不容易摆脱了追捕的人，一路跑去官桥村找武工队。没想到敌人兵分两路，官桥村也被包围了。爸爸跑到官桥村时，武工队已经突围出去了，而他正撞在了敌人的枪口上。爸爸跑了一路，已经累得没有力气了，子弹也打光了，最终落入敌手。

爸爸被敌人严刑拷打了几个小时，他始终守口如瓶，没有透露半点消息。敌人见撬不动他的嘴，当天下午就把他和阿福拉出去枪毙了。我们村子里有一处大坡地，是国民党专门用来行刑的地方，爸爸和阿福就倒在那里。到了晚上，家里的亲人们弄了两副棺材，去给他们收了尸。不知道阿福的家在哪里，只好把他和爸爸葬在一起，就在我们庄家的祖坟里。

爸爸的牺牲引起了整个地区的轰动，他是我们那里第一个被杀害的共产党人。

二、祖母杨三奶

我爸爸牺牲后，祖母没有一直沉浸在悲伤中，她觉得要完成儿子未竟的事业，于是就带着我二姑姑走街串户去宣传革命。我大姑一家也深受感染，在官桥村开展地下工作。

我的祖母人称杨三奶，她小时候裹过小脚，除了挑不了重担，其他方面绝对是一把好手，家里家外什么活都能干。祖父病逝后，家里全靠祖母维持。祖母虽然没什么文化，但她记性好，我爸爸生前在家里讲的那些革命道理，她全都记下了。

祖母因为积极宣传革命，一直被国民党视为眼中钉，前后经历过几次抓捕，幸亏群众帮忙才侥幸逃脱了。1948 年 8 月，这一次，祖母没能逃走，跟我二姑妈庄碧容一起被抓了。母女俩在狱里被审讯了三天，要被拉到大坡地枪毙，那里就是我爸爸当年牺牲的地方。我二姑妈当时已经怀孕几个月了，二姑夫花钱托了人，才在最后时刻放过了她，说等生完孩子再枪毙。幸好在二姑妈生产之前，我们那里就解放了。

为了诱捕共产党的游击队，他们竟然将祖母的尸身挂在梅菉城门上暴晒七日，并下令不许收尸，否则罪同株连。我大姑父叶燕荣、二叔庄冠群和我父亲的五叔庄联梅，三人冒着生命危险，将祖母的遗体抢回，用草席裹好，妥善地安葬。

没想到这也被反动保长庄联枝告发，敌人兴冲冲地赶到那贞村抓捕五叔公，当时五叔公正和一群老人在他家旁的老榕树下纳凉。敌人不认得他，便问:“老人们，庄联梅的家在哪儿？”

五叔公急中生智，立即站起来回答："你们找他是紧要事，还是不紧要事？紧要的话我帮你找他回来！"

敌人连忙说："紧要事。"于是五叔公便朝田野方向安全离开了。躲在旁边的庄联枝气急败坏地跑出来："笨蛋！刚才那人就是庄联梅！"敌人赶紧去追，已经赶不上了。此后，大家便都知道了是庄联枝告的密。不过，大姑父与五叔公最终也没能逃脱魔掌，被抓入牢房，饱受折磨，九死一生。

祖母牺牲后，二叔庄冠群就去参军了。本来我爸爸牺牲时，二叔就要去参加革命的，但想到家里都是妇孺老小，总得留一个男丁在家，所以他选择留下。如今祖母牺牲了，两个年幼的小姑姑也被大姑接走了，二叔没了牵挂，决定要走。

此时二叔与二婶何清刚结婚两年，二婶也是一起干革命的同志。见我二叔要去参军，她完全支持，认为这是他们二人共同的事业。二叔参加的是粤桂边纵队第 6 支队 5 团，后来他带领着化州武工队悄悄回了老家，一刀铲除了庄联枝这个毒瘤，也算是为我们家报仇了。但二叔后来在战争中也牺牲了。

偌大的庄家，为了革命，牺牲的牺牲，逃命的逃命，昔日气派的老房子，也变得空空荡荡了。有段时间家里只剩三姑姑一个人，她生了病高烧不退，家里没人照顾，错失了医治时机，退烧后丧失了部分语言能力，无法正常与人沟通。一个大家闺秀，结果变得沉默寡言，极少出门。

不得已，母亲带着襁褓之中的我，躲回了邻村的外公家里。一直熬到了广东解放，一家人再也不必四处奔命，母亲又带着我返回了庄家。因为缺乏劳动力，家里的土地也没人耕种，生活依旧没有着落。

家里只剩下我、母亲、两个十几岁的姑姑。日子过不下去了，外公便张罗给母亲改嫁。母亲上过 9 年私塾，在那个年代算很有文化了，在庄家做媳妇时，里里外外口碑很好。庄家一连串的大变故，好像使母亲的精神出了点问题，平时看不出来，只是一个人干活的时候，嘴巴里会念念叨叨的，还老是走神。

我已经记不得是怎么跟着母亲到继父家的了，母亲走的时候，也没有和两个姑姑打招呼。继父家里的条件倒还算过得去，他好像是当地的一个村干部，主要靠种地和打渔为生。家里有几间草房，整整齐齐的，有个不大的小院子，门口放着一个很大很大的水缸。

我随母亲嫁过去的时候，继父家里已经有三个孩子了，大儿子估计有十七八岁了，老二是女孩，大我两岁，还有个和我差不多大的弟弟。我晚上都是跟母亲和继父睡在一个屋子里。继父对我还是挺不错的。村子里放露天电影，他都没带自己的小孩，特意抱着我去看的。我这人记事晚，这些我都记不得了，是后来别人讲给我听的。

小时候，母亲每天忙着干活，基本上都是我自己在玩。在继父家的很多事我都不记得了，但有件事印象挺深。有一天下过雨，地上留有坑坑洼洼的水坑，我一个人无聊，围着一棵大树转啊转的，最后猛地一停，一屁股坐进了水坑里，裤子都湿透了。最后是我自己独自对着太阳晒了半天，晒得差不多了才回的家。

形单影只，说的大概就是那时的我。

三、战火中的青春

到 1955 年，我刚要升三年级，小姑姑又来接我了，这次说什么也要把我带走，因为我的小叔叔庄严在部队升职了，有了津贴，能够补贴家里了，而我是庄家的人，更是烈士唯一的血脉。

爸爸遇害的当晚，我小叔叔就去找武工队，愤怒的他，当时一心想要替大哥报仇。当时武工队的队长看小叔叔年纪小，长得也单薄，就拒绝了。而且庄家老大刚牺牲，要是弟弟再有个三长两短，也不好交代。

小叔叔那时也并不很清楚共产党是做什么的，只知道，自己大哥走的路，一定是对的，苦苦哀求队长收下他。

后来，一个外号“瘦李”的人，觉得小叔叔机灵，帮着求情，小叔叔才如愿加入了武工队。“瘦李”是我爸爸在世德中学和军事学校时的同学，叫李时清，他和我爸爸是一个组的组长。

25 岁的庄严晋升上尉

16 岁的小叔叔一进武工队就跟着“瘦李”，“瘦李”既是小叔叔的恩师也是兄长，在“瘦李”的关照下，小叔叔度过了初上战场的慌乱，在一次次恶战中幸存了下来，并得到了快速的成长。

庄家三个男儿，已经牺牲了两

个，小叔叔一心想撑起这个家。

刚解放时，小叔叔任中国人民解放军粤桂边纵队司令部警卫连第2连连长。回家探亲，正好遇到生病的三姑在相亲论嫁，对方大概也没认真看就定下来了，接过去后发现三姑精神面貌与常人不同，就想反悔。

小叔叔知道后就去给妹妹撑腰。对方见我小叔叔一身军装，骑着高头大马，腰间挎着枪，威风凛凛的，觉得娘家还是有些实力的，于是这件婚事就这么成了。后来我这个三姑给夫家生了6个孩子，个个还都长得精精神神的，子女把我三姑照顾得也挺好。

后来小叔叔发话让我回去读书，母亲也没有更多的借口了，只能让小姑姑把我带回去了。

1956年庄翠莲小学三年级（刚来广州）

我先转学到了乡里的中心小学，这里离老家山基华村有段距离，走路也得用个半天时间。好在二姑家在这边，我上小学时都是在二姑家吃饭。但二姑家不大，也没有多余的地方，我便寄住在一个表叔家里。

每到周末我再回去庄家老屋，陪小姑姑。记得回家的那一段路上都是庄稼地，夏天庄稼长得老高，我一个人走在中间的小道上心里直害怕，每次都是越走越快。

小姑姑那时候在忙生产队的事，家里除了我们姑侄俩，还住进了几个她的小姐妹，都跟她差不多的年纪，大家睡在一张大床上，有时几个人还会一起玩纸牌。

记得有个周末回家，小姑姑不在，左等右等不见她回来，我就琢磨着自己煮点东西吃。

可我从来没有生过火，还是第一次用火柴，划一下，听到“嚓”的一声就害怕，赶紧把火柴棒扔了，拿新的再划，用了半盒火柴也没把火点着。

厅堂里一位正在办公的村干部看不过去了，主动过来帮我生火，给我煮了一锅粥。

我和小姑姑年龄差得不大，她带我的时候又最多，所以我和小姑姑

1958 年庄翠莲和小姑姑庄严容及姑父

最贴心。但我们俩性格一点也不像，小姑姑性格蛮泼辣的。记得刚解放的时候政府评成分，按照我家以前的条件，把我家归成了地主。小姑姑觉得不公平，直接闹到了政府去。

“划成分不是应该按照解放前三年开始算吗，1947 年以前我们家里条件是不错，但是现在再去看看，我们家里还有什么？”

小姑姑说的也是实情，我爸爸牺牲后，我们家别说是土地了，家里没人住的那段时间里，厅堂里值点钱的太师椅、条案，全都被人搬走了，等我们回去的时候，连锅碗瓢盆这些都没了。

政府结合小姑姑反映的情况，给我们定了贫下中农。

我三年级刚读完，小叔叔觉得自己有能力照顾我了，便要把我接过去。

小叔叔那时候在惠阳空军机场上班，正好广州组织了一个空军子弟小学，所以，我四年级往后就跟小叔叔生活了。我的名字也是小叔叔起的，因为他喜欢那首《爱莲说》，觉得莲花出淤泥而不染，希望我做这样品格的人。但我个人不是很喜欢这个名字，我喜欢月亮，淡淡的月光，虽然不能够像太阳一样给人家很多的温暖，但是也会用它微弱的亮光照亮夜行的人，给人家一点温暖。所以，我后来给自己取了一个笔名，叫淡月。

我一直觉得自己的童年一片混沌，事太乱了，又一直在换地方，很多我都记不住，直到转来广州上学以后才清晰一些。也是从这个时候开始，我意识到，自己和别人是不一样的：我没有父亲。

空军小学是寄宿制，我平时也都住在学校里。每天要上晚自习，还有专门负责生活的老师，有洗衣房，不过平时一些小事还是要我们自己来做。

我因晚一年上学，比其他同学大，有些新转来的年纪更小。记得五年级时班上转来一个很小的同学，比我小三岁，什么都不会，我还帮她洗过衣服、被子这些。虽然大家平时都是住校，但到了周末，一些本地的孩子就会回家，校门口站满了来接他们的父母，而我只能和个别家远的孩子一起待在学校里。

有一年暑假，小叔叔得了灰指甲，到广州去看病，那一年我也就没有回惠阳，学校里只有我一个人，或许有值班的老师，但我完全没印象了。就记得长长的宿舍走廊里，黑漆漆的，左边是男生宿舍，右边是女生宿舍，只有我一个人住，吓得我晚上总是做噩梦。

直到现在我都不想住大房子，就算是两室一厅，如果家里就剩我一个人，睡觉时我也要门窗紧闭，锁好才能安心睡觉。

一到寒暑假我会回到小叔叔那里，他工作太忙，每次都是托同事带我回去，我也从来没自己坐过车。

有一次小姑姑从乡下过来看望我，说想去看看哥哥，我就自告奋勇说带她过去。我不太会买票，也搞不清楚该坐到哪里。我们坐到了樟木头，还得从那里转车去惠阳机场。

结果到樟木头的时候天都黑了，我俩只好在那儿住一宿。第二天又坐公交车，那个机场位置挺偏的，好像公交车也不能直达，我们下车又一路打听。从大清早出发，晚上五六点才终于找到小叔叔。

见到小叔叔的时候，我和小姑姑都大声哭出来了，感到十分委屈——这一路太不容易了。小叔叔也是哭笑不得，把我俩带到食堂，给我俩煮饭吃。

小叔叔只比我大 15 岁，16 岁家里就发生了那么大的变故，进了武工队后天天过着枪炮无眼的生活，所以他也不太懂得该怎么照顾我这个小孩。

对小叔叔来说，有的吃，有的住，这就可以了。当时小叔叔住在集体宿舍里面，很小一个房间，也没有多余的床，所以每次我放假回去，都被安排和其他单身女同事一起住。

反而是小叔叔的同事带我玩得比较多。我小叔叔打游击的时候，心怀仇恨比较英勇，战斗故事很多，大家对他都很尊重，所以他的同事们对我也很好。

我记得有几个叔叔经常带着我玩，有一次一个叔叔拿了把鸟枪过来，说要带我去打鸟。他拆开枪管正在装子弹的时候，我傻乎乎的，居然用手扣动了扳机，枪管回弹时拍中他的额头。那一下肯定挺疼的，我当时吓得都不敢说话了，他看起来有点生气，但最后也没说什么。

跟小叔叔在一起最多的记忆应该就是他带我去军官食堂吃饭了，一日三餐，很准时。我小时候饭量大，那些同事还打趣我，说我才交一半的钱，结果吃得比他们还多。他们倒是没有恶意，只是开开玩笑，但我听了心里还挺不高兴的，记到现在。小女孩子嘛，也不懂大人那是开玩笑。

四、烈士的女儿

我到广州以后开始知道一些事了，人反而变得沉默寡言，总是自己闷在宿舍里面看书，我特别害怕别人说我是烈士的女儿，一说我就想哭，有时候清明节，学校组织去烈士墓献花，还要我作为代表讲话发言，这些事我都不喜欢。

我有时候甚至幻想，父亲会不会没有牺牲，他可能去台湾了，或者去海南岛了，说不定哪天就突然出现了呢。

五年级的一天，老师突然找到我谈话，跟我说我母亲病了，生了疮。乡下没什么正经医生，一个赤脚大夫给母亲开了个药，结果吃了也没效果，已经过世了。我听完就开始哭，老师问我打算怎么办，我摇着头。我哪知道该怎么办呢？

以前不像现在交通这么发达，我要是回去，得坐汽车、转水路，还得步行走好远。我一个人，肯定是回不去的。而且说实话，我跟母亲分开也有几年了，母亲对我来说和父亲一样，甚至是有点陌生的。最后，我也没有回去。

我们那个空军子弟小学，虽然学生不多，但成绩很好。我们班一共 15 个人，其中 8 个女生升学的时候全部考上了广州最好的执信女子中学。这所学校是 1921 年孙中山先生为纪念民主革命家朱执信先生而创办的，到现在为止，依旧是广州最好的中学之一，从这里出去的学生，好多考上清华北大的。

放榜那天我都没敢想，从第十几名开始往后看的，结果我们班同学都在前十名里。而我是以全校第一的成绩考进去的。

当时小叔叔已经结婚了。我也不清楚他具体是什么时候结婚的，反正有个暑假我回去，看到了婶婶在家。我记得第一次见面，婶婶穿着一件白色的开襟衣服，裤子也是白色的，很洋气，一看就觉得和我们乡下姑娘穿的衣服不同。婶婶长得也好看，我俩相差才 5 岁，她也还是一副学生模样，所以感觉也不太会把我当成晚辈来看。

我在情感上，好像一直就挺迟钝的，也或许是封闭了自己。我住哪里，跟谁住，身边谁来了，谁又走了，对我好像都无所谓。

1958 年时的庄翠莲

学习也是一样，虽然我是以第一名的成绩考上了初中，但我其实一直没什么目标，小叔叔也不会像父亲要求女儿那样要求我。我天天只埋头看小说，其他啥也不管，直到我遇到了一个学姐。

我们在学校的时候高年级的学生来辅导低年级的学生，她就是来辅导我们班的。我看到她入了团，觉得入团好像挺好的，就也争取入了团。后来又听说她考上了大学，我就觉得考大学应该是好的，于是开始下定决心考大学。虽然我那时候连有哪几所大学都搞不清楚。这可能就是榜样的力量吧。

我升初三那年，小叔叔工作调动，去了北京，还是在一座军用机场里。我也跟着转学过去，当时叫南苑中学，现在改叫北京七十二中，我依旧是住校，放假回去也还是跟小叔叔的女同事住。

我初三还没读完，小叔叔又要调走了，去沈阳。这次我没跟着走，独自留在北京上高中。我成绩一直不错，老师特意帮我找了一所寄宿中学，叫北京政法学院附属中学。

也许是长大了，也许是换了新环境。到了北京之后，我整个人开朗了许多。我也交到了两个比较好的朋友，其中一个是清华教工子弟，有时候我放假没回沈阳，她还会特地过来宿舍找我玩。主要是同学们都不过问过我家里的情况，也不在乎我是不是烈士的女儿。这让我觉得轻松许多。

自打被小叔叔从老家接出来以后，我就一直没再回去过，但我和小姑姑的联系一直没有断。我隔一段时间会给小姑姑写信，小姑姑文化不高，会读不会写，所以都是小姑父帮忙回信。我上高中的时候小姑姑给我寄过一次腊肠，我还是拜托同学拿回家帮忙加工的，尽管那时候她自己家里的条件也不好，之后还给我寄过两身衣服。

小叔叔到沈阳后，他们的第二个孩子出生了，这时候家里条件开始变得拮据。因为小叔叔的单位在郊区，单位里面没有多余的就业名额，婶婶又不方便找其他工作，所以很长一段时间，家里一直是靠着小叔叔一个人的工资生活。不得已，小叔叔开始叫我申请助学金。当时我心里还挺难过的，因为其他同学都没有申请助学金，只有我申请，我觉得没面子。申请下来以后，学校每个月给我15块钱，其中12块交伙食费，剩3块钱零花。

1965年庄翠莲大学毕业

小叔叔在沈阳单位分了房子，有一室一厅。寒暑假我去的时候，夏天我在客厅里搭一张床，冬天天冷我们就在卧室里铺床一起睡。不管怎样，小叔叔不用再去找女同事让我借宿了。

小叔叔对我很好，我都高中了，他还张罗要帮我洗换下来的衣服，而且还是大冬天里。他们那时候屋子里是没有水龙头的，外面有个长长的走廊，洗衣服得去走廊的尽头洗，很冷的。当然，我最后也没让他洗，只是觉得心里很暖。

高考完的暑假我也是在沈阳度过，录取通知书寄到了小叔叔家里。我在学习方面从来没有让小叔叔操过心，所以他们也觉得我上大学是理所当然的事。考虑到经济的原因，我报考了不要学费的军工大学，可惜没考上，最后上了第二志愿北京邮电大学。

五、四烈士墓

到了大学，我也还是靠助学金生活。大学第二年“文革”就开始了，整个大学都处在一种热烈又混乱的氛围里，我们其实也没好好上过几节课，大学过得挺快的，毕业后我被分配回了广州，在广州邮电通讯设备有限公司工作。

这时，我认识了我的爱人。我俩是一个大学的同学，他上学早，比我小一岁，还高我一个年级。两人一看对眼，第二年就结婚了。借着婚假，我带他去见了我的叔叔婶婶，算是见家长，走个过场。

小叔叔在“文革”期间也受到了波及，一家人被下放到了农村。我们去的时候正是年底，赶上他家里杀猪，那几天我们天天都有猪肉吃。小叔叔在农村的日子，和一些人相比已经算不上艰苦了，我们去的时候他的精神状态也挺好的。那会儿婶婶已经生了第三个孩子，是个弟弟。

不管是继父家、姑妈家，还是小叔叔家，他们都很关照我，但让我第一次有家的感觉还是我结婚后。丈夫一开始很不理解我的心情，他说烈士不是很光荣吗，为什么不愿意提？

我的确最怕人提起父亲了，一说我眼泪就出来了。我知道他是烈士，是英雄，但对于我来说，他只是我的父亲。他的这些荣誉都不属于我，而我，只是一个没有父亲的孩子，我觉得自己怪可怜的。但我的婆婆能理解我的感受，虽然她没怎么念过书，她却告诉自己的儿子，说："小庄从小没有父母，你应该什么事多顺着点，她要干什么你就让她干，她要买什么就让她买，不要说她。"她很心疼我，母爱也许就是这样的感受吧。

几年以后我也有了自己的小孩，开始为人父母。我对父母的理解很少，在教育孩子上也没有啥经验。我总觉得，我自己都是在学校长大的，所以小孩子上学以后，老师怎么讲就怎么做就好了，还用得着家长操心吗？我对两个孩子也延续了自己的放养模式。有时候一着急，说话也不是很注意。尤其是对待老大，他一开始学习还是很好的，后来就变

1982 年庄翠莲 37 岁

得很差，特别是上初中以后，他一调皮我就会骂他。

那时候我们夫妻的工作每天朝九晚五，没什么时间，中午吃饭也只有一个小时。后来我调到了机关里，下班就更晚了，单位的食堂，稍微去晚了，饭都没得打。有时候孩子还不听话，我心里就会想，为什么不能体谅一下大人呢，心里一急，说话就会很难听。直到现在，大儿子还会抱怨，说我有些话的确是伤害到了他。有时候我也在想，因为自小没父母，我从性格到处事多少都有一些缺失和遗憾，自己也没有成长为一个很完整的人吧，没能做成孩子们的好妈妈。

父亲牺牲的时候，我还太小，对他没有任何记忆。当时兵荒马乱的，父亲和战友陈阿福就临时葬在了一个靠水边的坡地上，一涨水就会淹到坟墓，姑姑们一直想要迁坟。1985 年，小姑姑联系我，说要把他们一起迁回庄家的祖坟里。烈士阿福也不知道家是哪里的，也就一起迁

四烈士墓

过来了。

我上班没时间回去，寄了3000块钱过去，由大姑父和小姑父主持，给他们俩修了一个简单的墓。后来政府出钱，又给他们立了一块大石碑，上面写了杨三奶、庄冠周、庄冠群、陈亚福（陈阿福）4位烈士的名字。

为了让后人更多了解父辈的故事，我退休后也尝试着去记录。经过我的小儿子卢之伽的几番修改和排版，还出了一本《漫兴集》的诗集，派发给了不少亲朋好友。

2015年，是纪念中国人民抗日战争暨世界反法西斯战争胜利70周年，也是我父亲庄冠周诞辰100周年，家里准备在吴川开一场纪念大会。这不仅是一次亲戚们的难得聚会，更是孩子们寻根传承的机会。小儿子卢之伽非常兴奋，会议策划、主持人都是他操持。小叔叔考虑再三，也决定从沈阳飞回来参加。

2015年10月29日，庄严一家与庄翠莲一家在广州聚会

2015 年 10 月 24 日，庄冠周诞辰一百周年纪念大会

时隔近 20 年，我们一家又回到了吴川。不同的是，一家四口变成了 8 人的三代同堂。远道而来的小叔叔，最喜欢我刚满周岁的孙子，一直抱着逗着玩。

纪念活动很隆重，市里的领导也都到场，特别提到庄家“一门三烈”为革命事业做出了巨大贡献，期许我们能够传承革命传统，将红色家风发扬光大。

我们也是这次才知道，老家所在的山基华村，因为我们家的革命事迹，被政府授予革命老区的光荣称号。年轻一辈听闻，都非常想回去山基华村看看。

曾经被战争打散的一大家人，又在庄家大院团聚了。父辈当初在这里所宣传的理想社会，就是“电灯电话楼上楼下”，现在这些已经都实现了，我们一大家子也在他们的保佑下齐齐整整的，他们在九泉之下应该也感到欣慰吧。

站在烈士墓碑前，我心里想：我虽然没有做过行政干部，但也入了党，通过了高级工程师职称的考核，光荣退休。作为烈士的女儿，应该也没有太令人失望吧？

一晃，我也快八旬了，就希望有朝一日，庄家“一门三烈士”的故事能够以全新的方式呈现，一直流传下去。

（口述人：庄翠莲　记录者：刘霞）

薛家岭往事

从小我就记得，奶奶晚上总要起来好几次，说听到院里头有声音，是二叔回来了。

二叔离家的时候和奶奶交代过，只要半夜院里有半块砖头落地的声音，就给他开门，那是他回家了。奶奶从此以后就没睡过囫囵觉，半夜里总是伸长了耳朵听，总觉得有砖头落地的声音。

一、替兄从军

我们家在陕西省渭南市澄城县西永固村（当时叫薛家岭）。家里最先上战场的是我的父亲。父亲是家中老大，最聪明，也最受奶奶喜欢。

父亲从小就给地主家干活，看学堂里的有钱人的娃娃念“人之初，性本善……”他也跟着念，念得还挺好。老师就注意到了他，叫到跟前让他背书，父亲还真的背出来了。老师看他很聪明，专门拿了张纸教他念这些字，说其他娃娃都背不下来，让他有时间常来学校背书，给这些娃娃看看。

长大了，父亲也是家里的顶梁柱，只是他一个人要养活一家七口人，还是很困难。遇上灾荒年，一家人就得饿肚子。家里实在没办法，只能把十几岁的三叔送给了邻村的王家。到1943年，光景更是不好，实在没办法，父亲就去当兵了。

我们这里虽然没有日本人，但国民党部队还是到处拉壮丁，拉一个壮丁给一斗麦，村里有钱人不愿意去当兵送命，就找人替。父亲想着给家里挣点救命口粮，主动替人去了。父亲去了八个多月没上战场，找到机会跑了回来，没想到在家待了两晚上，又碰上拉壮丁的给拉走了。

上次成功逃了一回，父亲也一直等着机会逃跑。一天晚上，父亲瞅准机会摸黑准备跑，想不到，没走几步，就撞上了一个人，正是他们的连长。连长往上汇报后，说要枪毙他。人毙了，衣服不能浪费，凌晨两点，连长押父亲到刑场，把他身上的衣服脱得一干二净。看眼前这个架势是跑不了了，父亲立马跪在地上求连长，掏出身上几块铜板，求连长能在他死后把他的尸首送回老家去。

天亮了，部队所有士兵都围在了刑场前，长官们也来了。父亲全身赤裸只穿一条短裤，被枪抵着上了刑场，几声枪响，有人应声倒地，都和父亲一样是逃兵。天气有点冷，父亲又惊又吓，光着身子在寒风中瑟瑟发抖，大气都不敢出一口。轮到他了，他突然急中生智，跪下大喊冤枉，说自己不是逃兵，是抓逃兵的。

长官估计看父亲胆子不小，能够随机应变，说这是个好兵，把他给放了。打这以后，父亲再也不敢跑了，就在部队里踏踏实实地当兵。

父亲心想，就这样跟着部队混口饭吃，也是一条出路。只是觉得愧对一大家子人，部队就驻在县城，离家里很近，自己吃饱了，家里人还在饿肚子。父亲正懊恼时，二叔突然出现在部队。

原来父亲被抓壮丁后，祖父带着家人去邻村租地种。祖父病逝后，家人想将他送回薛家岭安葬，但家里实在太穷了，老家的亲戚都怕牵扯上关系，不敢搭理年幼的二叔。

二叔和家里商量好了，他来替我父亲当兵，等家里的丧事办妥，两兄弟再换回来。没想到，命运这东西完全没个准数，不是说换回来就能换回来的。

父亲确实是个能耐人，回家后各种走动，把祖父的葬礼给风风光光办了，全村人都来捧场。在家待了两三个月，父亲决定去把二叔换回来，到了县城才知道，驻扎了两三年的部队突然开拔上了前线，二叔去了三个月就赶上打仗了。

安静了多年的村庄也开始热闹起来，农村的院落很大，士兵住进了乡亲们的院子。奶奶记得家里最先住进来的官兵伙食很好。一家人饿得不行也不敢出声，一个军官模样的

薛家岭西永固村的老宅

人先给奶奶端一碗，刚开始奶奶不敢要，军官说他们还有，让奶奶先吃士兵才准吃。

有一次奶奶正吃饭呢，就听见南边枪声响，几个钟头以后，发现外面死了很多人，才知道是打仗。等到了跟前，看死人身上的军装不是一种颜色，村里有懂这些的人说，灰衣服的就是解放军，黄衣服的就是国民党。给奶奶端饭吃的人，就是穿黄军装的。

外面乱糟糟，好在我们这里没遭到什么祸害，小村子里消息闭塞，只要当兵的不抢我们村，就谢天谢地了。

二、薛家岭俩烈士

仗打得越来越凶，几十万大军围在一起打，小战斗频繁发生，大战斗也不少。我们这里的壶梯山连接陕北与关中的交通要道，两支大军开始在这里布兵。

有一天，天正热，附近防虏寨的人跑进村里报信，说他们那里有几名共产党员牺牲了，好像是薛家岭村的人。我们村加入共产党的那个人叫薛印合。这个人是我们家的远房亲戚，管我父亲叫伯伯，我们八家共同祭祀一个祖先，每年都轮流祭祀。

那时候解放军是从南往北打，薛印合小队一共有七个人，他们在一个坟地里面隐藏着，这里面有很多柏树。本来预定的时间是两小时以后，结果突然提前了两小时，出了内奸，敌人就发现了他们，跑了一个，其他都牺牲了。

村里人一听，好几个人包括我爸就去帮忙背尸体，推着铁轱辘车就去了。走之前，薛印合的妈说，我儿子有 24 颗牙，你去了那里要是有人有 24 颗牙，就是我儿子。父亲他们到了那儿，报信的人也不见了。一看，野外里到处躺着人，都被打得血淋淋的，把人害怕得已经认不出尸体。我爸端了一盆水，拿了个手帕，壮着胆子走过去，把脸上那血擦了擦，看清楚相貌，再把嘴掰开，数了数牙，说这就是我的侄儿。遗体用席子一裹，捆上绳子，用铁轱辘车拉回来，埋到他家的地里了。

这个薛印合就是薛仲舒，是我们县最有名的革命烈士。薛仲舒读过书，向往革命，毕业于延安抗日军政大学，任关中分区淳耀照金区委宣传委员。抗战的时候，就成立了抗敌剧社组织。薛仲舒将父亲积蓄的一百多石麦子卖了 47000 元，解决了剧社活动经费。

为方便开展革命工作和武装斗争，薛仲舒将其许庄的岳父家、邻居家都发展为游击队的联络点，在游击战中多次负伤。

薛仲舒家庭相对富裕，在游击队口粮不足时，薛仲舒便把国民党县政府在 1948 年初收缴的存放在他家的部分粮食拿出来，一部分送给游击队员，一部分救济了周边有困难的群众。为了方便工作，薛仲舒在他家开了一处粉坊，由父亲和叔父负责，掩护游击队员和护送革命干部。

20 世纪 70 年代时，县里给薛仲舒修了一个碑，我们村有个人负责糊花圈，看两旁的悼联空空的，给编了个顺口溜，在两副悼联上写："人生在世要公平，花开还有几日红。"结果革委会公社那帮人就狠狠地批斗他、审问他，问你和这人有啥冤有啥仇呢？革命烈士牺牲怎么会是不公平？胡说八道。糊纸匠吓到了，说我和他是一个爷爷的人，能有什么仇？

后来县里又统一建烈士纪念碑，工作人员突然打电话给我几个在外工作的侄子侄女，让他们赶紧回来，要开烈士纪念大会，其中有一个是他们的爷爷，也就是我的三叔。

三叔成了革命烈士，这是我们家谁也没有想到的。三叔到了邻村的王家后，改名叫王天录。三叔怎么上的战场我们不知道，烈士碑上的记录说他是主动跟着解放军部队走的，随军行至陕西眉县马家镇，战斗打响后，他去抢救一个伤员，一颗炮弹落下，光荣牺牲了，时年24岁。

三叔牺牲的消息传来后，家里一直瞒着奶奶。只是时间长了，奶奶就问，老三这孩子怎么好长时间都没到我这里来了，大家哄她，说三叔是到外面做活去了。全家人都不敢和奶奶说三叔死在战场上，老二不见了，老三给了别人家也死了，怕她经受不住打击。几年没见三儿子，奶奶有些埋怨，总是说，我把他看了十几年，结果人家不认我这个娘了。

解放战争结束后，政府给三叔的养父家送了烈士牌。养父母家也跟着沾了光，给他领养了个孩子，孩子很争气，很有出息，我们两家经常走动。

三、没有回家的二叔

所有人都觉得二叔死了，只有奶奶不这么觉得。她留着二叔所有的衣服、鞋子，一样都没扔，说他总有一天会回来的。特别是逢年过节的时候，奶奶晚上都要起来几次，总是说自己听到院里头有砖头落地的声音，好几次爬起来一看，可哪有人？

因不知道二叔到底是死是活，我爸决定为他领养一个孩子，说是将来要继承二叔的香火。此时已经解放，父亲开始磨豆腐置了一份业，一个人养活一大家子人。父亲东家挑，西家选，十石粮领了个娃娃回来。

没想到，这娃娃连话都说不清。每天早上母亲给他穿好衣服背到学校，让他念书，小学念了 8 年还没毕业，父亲安排他去学技术，也没学成，长成大人后给他娶了媳妇，成了家。不管怎样，用父母的话说是“终于有交代了”。

父亲心里一直对二叔有愧，觉得本来失踪的应该是他，帮二婶改嫁，替二叔领养了小孩，照顾他长大成人，逢年过节家里总会给二叔添双筷子，只能通过这些事来弥补。

一家人都以为二叔的事儿已经尘埃落定，却没想到，二叔的失踪，阴差阳错地打乱了我的人生。从小到大，我在校一直是优秀学生，高中毕业去搞团工作，做了些成绩，半年之后让我兼职大队的妇女工作，

王天录烈士之墓

一职两责。

团支部把优秀团员的名字上报县里，我也在其中，我就写了份入党申请书。党组织考察后说，你都合格，就是有个亲人下落不明，批不了。那是 20 世纪 70 年代中期。说一句良心话，二叔是死了还是活着，谁都不知道，确实就是联系不上。我以后就再也没写过入党申请书。最后没办法，我自己做生意去了，有一年收苹果挣了不少钱，那时候一辈子都没见过那么多钱，然后就扩大规模继续收苹果。

时间过得很快，一晃我也成了家，生了第一个孩子，还没满 100 天，父亲就病了。父亲生病已经有半个月了，那天他起不来床，黑眼珠往上翻，两颊深深地陷进去。村里正好来了些老人，见着我爸这个样子吓了一跳，“紧寒的话 6 天，慢寒的话 9 天。这病都已经过了 9 天了，看来人活不成了……”

这一说，我们这才意识到这病有多么严重，母亲在家照顾父亲，我赶紧去给裁缝送布做寿衣。那是 1988 年的冬天，我急匆匆地出门，在大门口碰上村里的韩老师。他递过来一封信，我歪头看了看信封，一眼扫到了“台湾”两个字，但读不通顺，都是些繁体字。

我当时哪有心情研究这个，脑子里嗡嗡的，静不下来，一心想手里的这块布。让他把信交给我妈，我妈就在屋里。

刚走到裁缝家，把布放下，村里人就来喊我，说救护车都到你们家门口了。父亲在医院里一住就是几个月，到过年前父亲的病竟然好了。

第二年春天，忙完家里的事，想起“台湾”的来信，我赶紧让母亲把信找出来看看，说不定和二叔有关。一问，母亲愣住了。仔细回想，当天韩老师确实进屋来了，但家里乱哄哄的，韩老师什么也没说，就离开了，更没提信的事。我的心里隐隐觉得，大事不好，赶紧去找韩老师。

可万万没想到，韩老师拿不出那封信了。他前面说不知道，后面支支吾吾说信被他烧了。说是过年学校打扫卫生就把废纸全烧了，不光烧了我们家的信，所有废纸都烧了。我火一下上来了，朝着他嚷了起来。韩老师也很生气，说就是烧了，还要撵我走。最后韩老师说两家没仇没怨，还是亲戚，烧信是他的错，请原谅。

薛存芳（左一）和父亲、小妹

我问他是不是看过信的内容，他说没有，我问他还记得信封上面的地址吗？他也说不记得。我哭了，又生气又无能为力。我们什么都不知道，只能死死纠缠着韩老师，隔一段时间就找他一次，想让他回忆一下，每次得到的回答都是，烧了，不知道。

父亲更是生气，说不管韩老师是不是亲戚，都要把他拉大队去理论理论。我担心父亲身体，赶紧劝他算了。这封来信成了我们家的谜案，也成了新的希望。

直到 1992 年热起来的时候，大概是五六月。父亲从外面回来，就

薛存芳（一排右二）参加积极分子代表大会

急匆匆让我带他上隔壁的村子北庄去，饭快做好了，父亲却等不及说回来再吃，得赶紧上北庄去。

原来北庄有个老人从台湾回来，父亲想去看看，能不能找到二叔的线索，二叔是替他上战场的，是死是活都得有个说法。父亲那年已经82岁了，好在路途不远，我一路用自行车推着他到了北庄。

从台湾回来的老兵89岁了，普普通通的。我有些听不懂人家说话，只看到他直摆手。旁边人翻译说，他说部队不一样，参军的地点都不一样，根本就不是一回事儿。

我们唯一能提供的信息就是二叔的名字——薛丙顺。老人摆摆手，不作数，说台湾的人和咱们这里的人不一样，很多人都有几个姓几个名字。他让我们想想征兵时候登记的是谁的名字。

我爸登记的名字是薛景玉和薛丙乾，二叔登记的名字应该是薛丙顺，总之，这三个人都有可能，但是当时抓壮丁时候也可能是顶替别人，也有可能用了别人的名字。这么一来，信息就更加复杂了。

这次回来后，父亲很难过，好长一段时间都没有找我说过话。其实，叔叔肯定是不在了，在的话，怎么可能不回来呢，父亲只是不愿意承认。

有一天。父亲主动找我，还说要给我看样东西。他把我带到放祖宗牌位的桌子上，我们家人过节日都要在这桌上“献祖宗”，父亲打开一个用红绸子包好的东西，竟然是一块牌位，上面写着二叔的名字和出生年月。

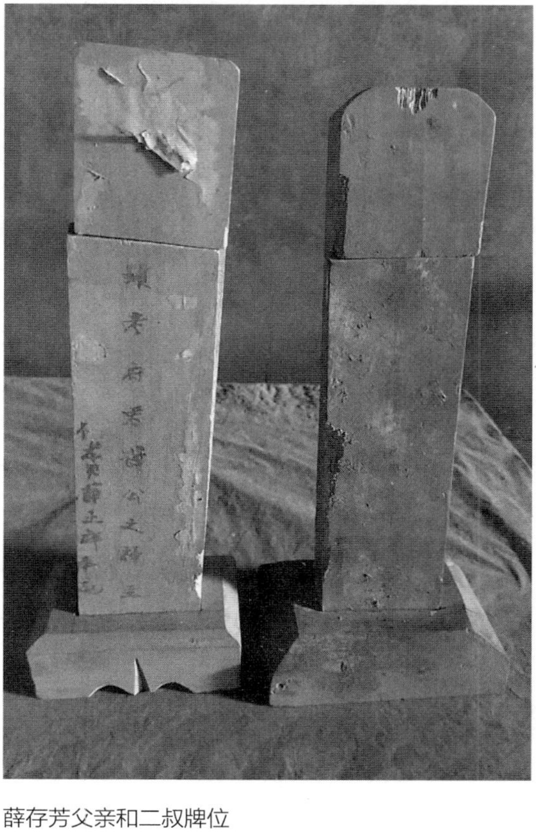

薛存芳父亲和二叔牌位

父亲说，你三叔确定是在战场上没了，国家会纪念他，你二叔到底是不是在战场没的，我也不知道，反正他是去替我，都是我的遗憾，把这牌位放在跟前，以后献祖的时候你一起献了，也是个念想。

父亲知道自己老了，

他有预感，得提前交代好后事。1994年正月初六，父亲说他梦到一辆车停在我们的老房子跟前，要接他走，觉得是个不好的预兆。

那天晚上，父亲就去世了。因战争分离的三兄弟，应该也都团聚了吧。

（口述人：薛存芳　记录者：刘霞）

“盼儿”回家

在我老家山东平度新河镇朱家村，祖父母坟墓旁依偎着一座小坟，我小时候跟大人去上坟，他们告诉我，这是叔叔的。

后来我才知道，这是座空坟。

以后我们家给祖辈上坟时，也会同时祭扫叔叔的空坟。而找到叔叔的埋骨之地，也成了我们家族的一件大事。

一、烈士证疑云

叔叔朱志凯牺牲在淮海战役，这是我从小就知道的，因为我们家一直收藏着一张《革命军人烈士家属证》。

那是 1950 年山东省政府颁发的，上面记载着叔叔的姓名、籍贯、入伍时间等信息：

朱志开（凯），1924年5月出生，山东省平西县新河区朱家村人。1946年7月入伍，三野十三纵队三八师三团九连，1949年1月在淮海战役中牺牲。

志凯叔叔参军的时候已经22岁，年纪不小，为什么要冒死去干革命，祖父母想不通，村里很多人也想不通。

我家当时在村里条件还不错，我父亲朱志训那会儿已经外出闯南洋，在村里西南坡置办了一大片土地，叔叔是家里唯一的壮劳力，把家操持得也很好。

叔叔入伍后，土地荒废了不说，家里只有体弱多病的祖父母和年幼的二姑，连挑水吃饭都成了问题，日子过得很艰难。

更没想到的是，叔叔一去就没了音信。我父亲不得不放弃海外的生意，回到老家找了家供销社去上班，抽空寻找失踪的叔叔。

跟志凯叔叔一批当兵的战友回来说，志凯叔叔在渡江战役中牺牲了。于是父亲辗转去了刚解放的上海，找到第三野战军某部，了解到叔叔确实牺牲了，但还不知埋葬在哪里。

父亲回家后，不敢告诉祖父母，始终瞒着。

直到1950年，政府送来烈士家属证，父亲想瞒也瞒不住了。祖母从此天天以泪洗面，哭瞎了眼睛。

祖母为叔叔取乳名叫“盼儿”，没想到，一语成谶，几代人盼了他几十年。

究竟是渡江战役，还是淮海战役，叔叔到底牺牲在哪里？此后几十年，父亲一直在寻找，但一直未找到。

革命軍人犧牲烈士家屬証

證字第 61 號

山東省人民政府

注意事項

一、此證只供革命軍人工作人員烈士家屬留作紀念不得轉讓他人

二、憑此證得享受人民政府一切法定優待並受人民政府與全體人民的尊敬

三、此證須加意保存如有遺失或損壞須報告縣以上政府聲明作廢並請求補發

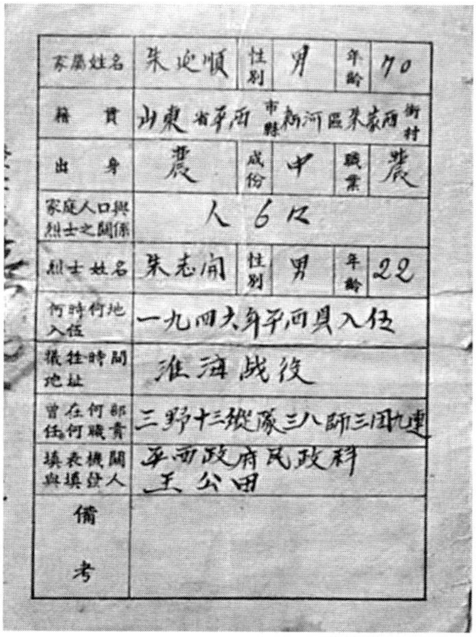

家屬姓名	朱延順	性別	男	年齡	70
籍貫	山東省平西市縣新河區朱家府街村				
出身	農	成份	中	職業	農
家庭人口與烈士之關係	人 6 口				
烈士姓名	朱志凯	性別	男	年齡	22
何時何地入伍	一九四六年平西县入伍				
犧牲時間地址	淮海战役				
曾在何部任何職責	三野十三縱隊三八師三团九連				
填表機關與填發人	平西政府民政科 王公田				
備考					

朱志凯烈士证部分页面

父亲跟我们讲过无数次，他到处走访当年和叔叔一起入伍的军人，也只了解到大概，都不知道确切牺牲时间和地点，更不知道安葬在哪里。

自从给叔叔建了空坟后，找到叔叔的埋骨之地，接他回家，成了我们一大家人的使命。

父亲不仅自己找，还委托在外地工作的宗亲朋友帮助寻找。

其中，在山东莒县县委组织部工作的同宗兄弟朱志峰就曾坚持多年寻找，他在山东临沂华东革命烈士陵园烈士名录上查到了“朱志开”的名字。

这个名字和烈士家属证一样，是“开”字，而非“凯”或“恺”字，所以也不能确定是不是我叔叔。

父亲去世前，专门把“找到叔叔”这件事，郑重地托付给我们兄弟俩。

根据宗亲提供的信息，我也曾致函临沂华东革命烈士陵园管理处等单位，请求帮助查询烈士“朱志凯”，但最终无结果。

烈士朱志凯的大哥朱志训早期照片

我弟弟朱准献也到处打听叔叔的下落，无果。

直到2024年春节刚过，情况有了转机。

先是宗亲朱文松传来消息，他在浏览抖音时，看到“烈士寻家”公益活动中有烈士朱志凯的相关信息。

通过对比，基本断定这个朱志凯是

我叔叔，安葬在河南省永城市淮海战役陈官庄烈士陵园。

我查阅了淮海战役陈官庄地区歼灭战相关资料后，并两次电话咨询陈官庄烈士陵园管理处。

陵园管理处工作人员查了陵园档案，确定有朱志凯烈士的记载。

经查询得知，在淮海战役陈官庄地区歼灭战中，牺牲的华东野战军各个纵队和部分支前民工共7291名，其中陵园内安葬烈士2342名，能确定姓名的单穴烈士墓区安葬651名，公墓内集体安葬有1691名无名烈士。其余4949名烈士，有的安葬在陈官庄乡相关村庄，属于散葬，有的可能就不知下落。

陵园帮我查询后得知，651名单穴烈士墓中，没有朱志凯烈士的，

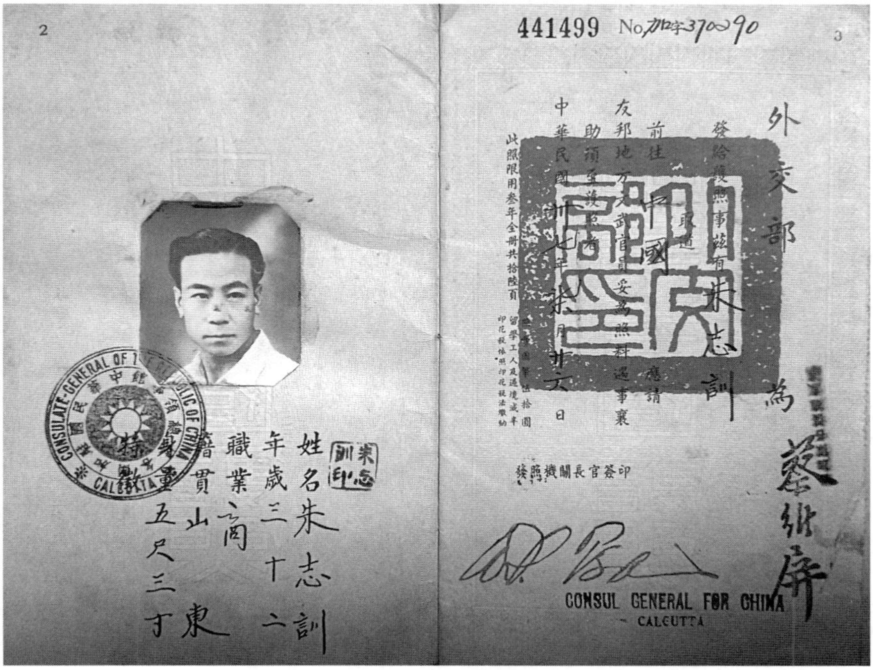

烈士大哥朱志训早年间使用的民国时期护照

志凯叔叔的安葬地还是令人伤心的两个字：未知。

我请教工作人员“未知”是什么意思，对方解释说战斗异常惨烈，有的可能尸骨无存，有的可能身边战友都牺牲了，无人辨认。

工作人员安慰我说，你可以权当地宫里这些无名烈士的遗骨中有你家亲人的，过来看看吧，在烈士公墓那里献上鲜花，鞠躬致敬，也是一种安慰。

内心虽感失望，但我想只要能确认志凯叔叔就是牺牲于淮海战役陈官庄歼灭战，我也满足了。

我可以像工作人员所说，当地宫里这些无名烈士的遗骨中就有叔叔，甚至，地宫里没有志凯叔叔，他粉身碎骨于陈官庄这片土地，这片土地有他的微粒子存在，也算找到他了。

我向工作人员反复求证确认志凯叔叔是不是牺牲于该战役。工作人员肯定地说，淮海战役陈官庄烈士陵园烈士档案中记载的烈士，就是在淮海战役陈官庄地区歼灭战中牺牲的。

关键点确定了后，我决定去陈官庄看看，我想进入叔叔生前曾经生活战斗过的空间里，走进留存他遗骨的地方，也许这里仍然存在着他的微粒子。

为了弄清叔叔牺牲前的部别问题，我特别查阅了淮海战役陈官庄歼灭战的战争史，和华野各纵队组建演变等军史资料。

二、陈官庄歼灭战

2024 年清明前夕，我和侄子朱泽苇怀着追思之情，来到了陈官庄烈士陵园。现场祭拜时，我又看到了许多新的资料，理清了困惑好久的许多问题。

从淮海战役陈官庄歼灭战作战部署和作战经过表述看，从 1948 年 11 月 30 日开始，至 1949 年 1 月 10 日止，华野部署参战部队有：1、2、3、4、6、7、8、9、10、11、12、13 纵队，及渤海纵队、冀鲁豫军区部队、特种兵纵队、鲁中南纵队、两广纵队。

从陵园公墓烈士名录看，有牺牲烈士的部队是：1、2、3、4、8、9、10、11、12 纵队，及两广纵队、渤海纵队、冀鲁豫军区独 1、3 旅部队、特种兵纵队。没有 13 纵、鲁中南纵队等部队，即这些部队没有牺牲烈士，应该是作战部署有这些部队，实际未投入战斗。

烈士陵园公墓烈士名录墙上的记载文字是：“朱志凯 25 岁山东平西人 3 师 9 团 3 营 9 连战士，48.12 牺牲。”

烈士名录是按照纵队排列的，这里的朱志凯烈士在烈士名录墙 1 纵队名录中。

根据 1950 年所颁发给我们家的烈士家属证上的信息，朱志开（凯）烈士所在部队是华野 13 纵队 38 师 114 团，而陈官庄歼灭战烈士就没有 13 纵的。

我们现场推理分析，13 纵是叔叔入伍早期所在部队，后来部队因为人员伤亡兵源调整，叔叔牺牲时所在部队是 1 纵队了。

当然还有一种大胆猜测，那就是，叔叔烈士家属证和当时地方民政档案记载的信息就是错误的。

另外，公墓烈士名录墙上紧挨朱志凯烈士的 3 人都是山东平西县人，烈士名录墙按照烈士年龄、籍贯、部别、牺牲时间、地点等排列镌刻，他们 3 人同一籍贯、同一连队，不可能同时出错。

以前弟弟就曾说过，志凯叔叔和老家北孙家村一人一起入伍在一个部队，烈士名录中的孙辉珂，可能就是当年和志凯叔叔一起入伍的那位老乡。

记载这位老乡牺牲时间都是 1948 年 12 月，两人真是“不是同年同月同日生，却是同年同月同日入伍，同年同月（极有可能同日）死”，他们一同离家，但无一人归，走的时候是鲜活的生命，归来却是一纸通知。

烈士名录中 1 纵烈士共 1183 人，我统计了一下，山东籍的最多，占比 29%，接近三成，江苏籍的占比 13%。这与军史中 1 纵兵源组成是相吻合的。

根据以上情况，尤其是陵园方面的解释，我们基本确认叔叔的遗骨可能是公墓地宫里的某一具，哪怕是不知下落或尸骨无存，但终归是

烈士朱志凯的长侄朱建成在淮海战役陈官庄歼灭战纪念馆

在陈官庄地区这片土地上。

我写好了祭扫文书，在陵园旁边农田边上，按照老家传统，烧了纸钱，上了香，磕了头，告诉叔叔我们来看他了，告诉他家里亲人过得都很好。

我们又在陵园公墓名录墙前献了鲜花，写了封短信，鞠躬默哀，并告慰他老人家在天之灵。

尽管部队番号、牺牲时间存在疑惑，但我们也最终认为志凯叔叔就牺牲在陈官庄，跨越75年的祈盼与寻觅终于有了结果。

至此，寻找叔叔埋骨之地的事情看起来好像有了结局。

没想到，江苏泰州传来消息，说发现了烈士朱志凯的遗骸，并且有记录证明这位烈士就是我叔叔。

三、为烈士寻亲

消息称，在江苏泰州市医药高新区（高港区）口岸街道徐桥村，有一烈士合葬墓，埋葬着渡江战役前夕龙窝口战斗中牺牲的40名烈士。

从埋葬烈士们的那一刻起，当地人就默默许下承诺：为这些烈士守墓，更期盼英雄们早日魂归故里。

可这些烈士有的只有名字，有的只有姓氏，为烈士寻亲成了很多村民的终身牵挂。

2024年6月5日，为纪念渡江战役胜利75周年，让英烈们和亲人“重逢”，江苏省退役军人关爱基金会联合相关部门主办“泰慰英烈·帮您回家”——为渡江战役牺牲烈士寻亲行动正式启动。

泰州的同志经过艰辛的调查搜集，从一位3野20军后代那里，查到了烈士姓名籍贯等珍贵记录，其中就有一位叫朱志凯，并且清楚记着籍贯为山东省平西县新河区朱家村。

我叔叔朱志凯是新河区乃至平西县唯一一个叫此姓名的烈士，所以，完全可以断定，只要那位20军后代记录的资料没有差错，毫无疑问，这个朱志凯就是我叔叔朱志凯。

我们得知消息后深感困惑，分析认为应该是当时的战争环境情况复杂，淮海战役陈官庄烈士陵园又是后来建的，资料肯定也是后来整理的，将牺牲在渡江战役前夕的朱志凯，误认为是牺牲在淮海战役陈官庄。

7月9日，听说江苏“泰慰英烈，帮您回家”山东寻亲专班要来老家为叔叔寻亲，我早上不到5点就起床，和女儿朱菁从青岛驱车回到朱家村等待。

以前是我们一家到处寻找叔叔，现在江苏的同志不远千里来寻找我们，我激动得一夜没睡好，一见面就忍不住问：“我叔叔现在葬在泰州什么地方？”

这句话既是我自己问的，也是替已经过世的爷爷奶奶、父亲母亲和姑姑问的。

经过和寻亲专班的工作组比对核实，可以认定我的叔叔就是龙窝口战斗合葬墓里的“朱志凯烈士”。

但我还是给工作组说，听说国家可以给牺牲烈士遗骸做DNA鉴定，能不能给我和叔叔也做一下？

这些年的寻找，我像侦探一样，大海捞针、抽丝剥茧，不放过任何一条线索，但也不放过一丝疑点。

因为我要确确实实找到自己的叔叔，这是爷爷奶奶和父母一辈子最大的心愿。

烈士寻亲团到朱志凯烈士家乡

这些年里，我不仅刻苦研究军史，还顺着叔叔战斗过的足迹，走过很多地方，想过很多办法，扑空过很多次，碰过很多壁。

为了方便寻亲，也让家里的后人们能记得叔叔的模样，我还办成了一件“大事”：和见过叔叔的老人们打听，请来画家，创作了一幅志凯叔叔的复原画像。

我把画像发给 90 岁的二姑看，二姑激动地说：“眉眼、鼻子、嘴都很像！”

2024 年建军节前夕，我接到了江苏泰州市退役军人事务局的电话，邀请我参加泰州市建军节暨为烈士寻亲汇报会活动，我欣然前往。

8 月 1 日下午，我从山东青岛赶到泰州医药高新区口岸街道徐桥村龙窝口烈士合葬墓前，跪伏在地，情不自禁号啕大哭，“二叔，我们终于找到你了！”

朱志凯烈士画像

我平复心情后，从乡亲们这里了解到，每年清明、七月半、冬至，家家户户都给烈士扫墓，拔草、烧纸、添土。这里的村民都是先祭拜烈士，再去自家祖坟。

烈士墓坐落在江堤小高地上，路难行，村民就穿长筒雨鞋去，全村老小一个不落，周边小学每年也都组织师生去祭拜。

不仅如此，风吹雨淋，土墓不易维护。2015年，村民们挨家挨户捐款、找企业赞助，筹集了5000多元，维护烈士墓。有钱的出钱，有力的出力。

合葬墓周围的一圈松柏，是老百姓亲手种下的。原先的土墓用水泥浇筑加固，上面是村民手工刻着的一个小五角星，还铺了水泥路、水泥台阶。

我擦拭着墓旁的石碑，碑上刻字拙朴有力："革命烈士永垂不朽　徐桥村全体村民　二〇一五年二月建"。

不远处的田河烈士陵园，也建有正规烈士墓，但村里的原始土墓始终未动，村民们说："他们是我们的保护神，我们要世世代代照顾好！"

我除了给叔叔准备了祭扫物品，还有一面献给徐桥村父老乡亲的锦旗："七十五载风雨兼程　乡亲恩情恩重如山……"

据高港区历史文化研究会副会长朱长顺介绍，1949年3月，渡江部队住进了当地百姓家。

北方来的很多战士不识水性，当时水很冷，当地村民不顾寒冷，下水教战士们游泳。群众宁愿自己饿肚子，也要拿出粮食，做成馒头、烧饼送到战士们手上。

渡江船工捐出自家的船，很多人家捐出门板、床板、八仙桌，新娘子捐出新被子，改造成浮船木排“土炮艇”，有人家砍掉自家的树，给部队搭桥。

龙窝口所在的口岸街道，自古就是经贸重镇，兵家必争之地。渡江战役前夕，国民党依托龙窝口靴子圩的复杂地形，设下了一个由 5 个子母堡、250 多个碉堡组成的堡垒群，妄图拖住解放大军的脚步。

要渡江，必须先拔这颗“钉子”。

1949 年 4 月 8 日，20 军指挥华东警备 6 旅发起对敌据点的强攻。经 48 小时激战，歼敌 560 多人，我军也伤亡 388 人，其中，40 名烈士的遗体就近安葬在徐桥村。

徐桥村村民薛玉生那年只有 8 岁。他依稀记得，村里家家户户都把房子腾出来给解放军住。龙窝口战斗打响后，他的父亲参与了安葬烈士遗体的工作。

此后几十年里，他的父亲一次次跟他回忆，当年附近村民都赶来帮忙，把烈士遗体擦洗干净、用布袋子包好，轻轻放进土里。

下葬那会儿，烈士们有的只有名字，有的甚至只有姓氏，没办法给烈士找到家。

徐桥人默默许下承诺：为这些烈士守墓。这一守，就是几十年。

徐桥村水系环绕，水清见底，草木丰美，烈士合葬墓往南，不远处就是长江，视野里，泰州大桥雄伟挺拔……难以想象，75 年前这里有过激烈的鏖战。

四、应担的道义

在泰州，我还同当地退役军人事务局、熟悉渡江战役前夕战斗情况的文史学者，就有关疑问进行了深入研究探讨。

大家一起帮我理清了存在的一些疑惑，譬如龙窝口战斗是20军指挥华东警备6旅进行的，而永安洲战斗是警备6旅配合20军进行的。

根据有关史料记载，1949年4月8日，华东警备6旅16团两个营在23军炮兵的配合下，强攻泰兴龙窝口，激战两天，攻占龙窝口，歼敌51军41师12团560余人，缴获轻重机枪12挺及其他武器若干，残敌在军舰、飞机掩护下，逃往永安洲。

4月17日，警备6旅16团配合20军60师1个团，激战18小时，于18日攻克永安洲，俘敌152人，缴获重机枪5挺，轻机枪14挺，六零炮3门。

4月19日，警备6旅18团在旅直山炮营和20军6个炮兵连的配合下，激战4小时，攻克北沙岛，全歼守敌284人，缴获六零炮2门，重机枪2挺，轻机枪8挺。

从此，我地方武装即牢牢控制住沿江港口和据点，为解放军南渡长江提供了出发地和后勤补给基地。

根据淮海战役陈官庄歼灭战纪念馆的资料，我叔叔朱志凯参加淮海战役陈官庄歼灭战时，所在部队是华野1纵3师9团。

查阅三野第20军演变史料，以及胶东军区向各大野战军出兵史料，多方考证，可以肯定，我叔叔朱志凯在淮海战役和渡江战役前夕战斗时，属于华野（三野）1纵（20军）。

这样可以证实永安洲战斗牺牲将士合葬墓中的朱志凯，就是我叔叔朱志凯，确凿无疑。

1949年2月9日，华东野战军改为第三野战军，其中，原1纵改为20军。

我叔叔朱志凯应该隶属三野20军，从烈士身份考证，应该是牺牲于1949年4月17日至18日攻克永安洲战斗，而不是4月8日的龙窝口战斗。

这就解决了此前关于“龙窝口战斗是华东警备6旅攻打的，而我叔叔朱志凯不可能在华东警备6旅”的疑惑。

这次去江苏参加“为烈士寻亲活动”，我的感受特别多，他们不仅是寻亲者，更是历史的见证者与守护者。

这不仅是一场地理上的跋涉，更是一次心灵深处的探索与觉醒。是对英勇无畏灵魂的深切致敬，是在历史长河中寻找那些被岁月尘封却永不褪色的记忆。

大家以虔诚之心，在时间的碎片中拼凑出烈士生前的音容笑貌，让烈士的形象在后代心中重新鲜活起来。挖掘出来的，不仅仅是血缘的线索，更是烈士精神的传承与延续。

也许在有些人看来，朱志凯烈士只是一名普通士兵，何必如此执着、大费周章去考证安葬地和部队信息呢，没什么实用价值。

但对于我们来说，完全值得，且是必要的。作为烈士的后人，这是应尽的责任，应担的道义，找到烈士埋骨之地，这是给烈士、烈士父母、烈士兄妹一个交代。这其中最重要的是情感的、道德的，而不是功利的。

因为，这不仅是一个家族的家事，也是一个民族的国事。

而为烈士寻亲的过程，不仅是一个家族对牺牲亲人的态度，更是一个民族对待烈士的态度。这种态度，最能体现一个家庭、一个民族、一个国家的价值观。

我们家是幸运的，叔叔朱志凯有完整的姓名，查到了籍贯记录，时隔整整 78 年，终于“回家”了。

但是墓碑上的许多烈士因缺乏信息，无法查找家人。

特别是墓碑上没有名字的李同志、年同志、谢同志、张同志，他们的名字到底是什么？还有张长命、陈忠开、王树斌……他们的家人究竟在何处？

我只希望这些烈士早点找到亲人，早点回家！

去泰州前，我们全家开了一个会，想把叔叔的遗骨迁回来，中国人讲求一个落叶归根。

而在听了徐桥人守护烈士墓的故事之后，我做了一个决定：把叔叔就留在徐桥。我相信，这里的乡亲们会善待叔叔。

临走时，我用装祭扫物品的塑料袋，装了烈士合葬墓上的一捧土。

回去以后，我把这捧土埋在老家那座空坟里，也算是祖父母的“盼儿”回家了。

（口述人：朱建丞　记录者：刘霞）

“M19”号烈士

我家柜子里面一直好好存着两封信，每到过年的时候父亲就会拿出来看一看。当着我们面看过，背地里父亲也没少看。母亲说，你们不懂，父亲每次看信的时候，情绪都不好，只是你们年纪小，看不出来而已。

那封信是1950年奶奶从山西老家带来内蒙古的，几十年了，上面写着：“崔海治烈士在汾孝战役当中负重伤，转在南村后方医院，不治，牺牲了。”落款是晋绥野战军独立第二旅36团，上面还盖着印章。

崔海治烈士是我的三叔，牺牲的时候是副连长。

一、一张烈士证和两封信

我们老家是山西保德县，山西那边天旱，有时候年成不好没收成，吃不饱饭，大家就都出来谋活路，走西口。一般是过完年以后春天往出走，到内蒙古鄂尔多斯的话，差不多走个十来天就到了。到那边挖甘草、给地主家做长工，干上一年，到了快冬天的时候挣点粮食再回去。

我父亲第一次出来走西口才 15 岁，他和大伯跟着爷爷走的。那一年正好是 1937 年，没想到春天出来，到了九、十月份，日本人占领了内蒙古和山西北部，回家的路就这样被阻断了。爷爷带着父亲和大伯流落在了内蒙古，奶奶带着三叔留在了山西老家。

在内蒙古的十几年，父亲他们居无定所，一边找活干，一边躲避战乱。日本人打到五原或者包头这边了，他们就往西再走一走，一走几十公里、一二百公里，或者往北走。到一个地方了，有什么活他们就做什么，后来还学会了给人擀毡子，就是蒙古包外面那层毡子。反正什么都做，混口饭吃。

一直到 1949 年解放了，父亲他们分了田地，就在巴彦淖尔市乌拉特前旗一个村子里，自己盖了几间土房。爷仨这才安定下来，我父亲也才成了家。

母亲也是苦日子过来的，她 9 岁的时候，我姥姥就得病走了，到了 12 岁那年，日本鬼子路过村庄附近，大家都跑出去躲。结果，我姥爷、二姥爷和另一个人被日本人发现了，他们跑过一个小水渠，上面垫了一根几米长的独木桥，三个人过去以后就把独木桥移开了，以为这样日本人就不会追他们了。没想到，日本人直接蹚水过去了。在搏斗的过程中，姥爷他们被日本人用刺刀捅死在草地里了。那时母亲下面还有个 6 岁的妹妹，上面三个哥哥年纪也不大，就这么过着穷日子。

那些年兵荒马乱，音信不通，父亲爷仨也和老家的奶奶断了联系。直到新中国成立后，走西口的流动人口又多了，村里村外的人们出出进进的，奶奶才打听到爷爷他们在内蒙古安家落户了。奶奶把老家的窑洞用三匹老布当了出去，意思是找个看门的，什么时候我们回去了，还能要回来。

奶奶找了个熟人，坐着牛车，就上内蒙古找老头子和两个儿子去了。奶奶当时随身带着的就是我三叔的烈士证，还有部队的两封回信。

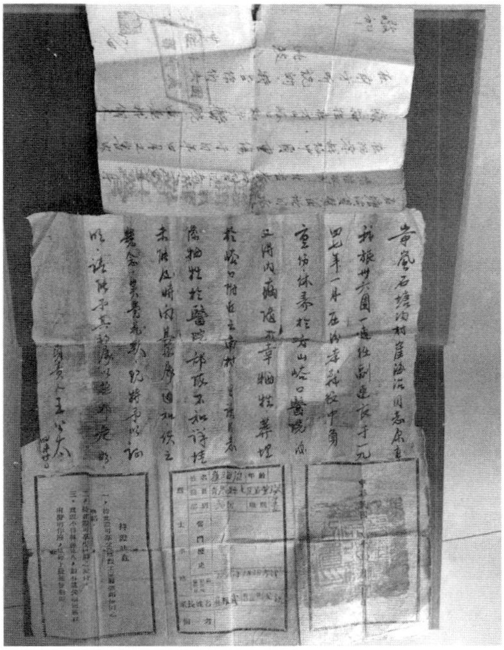
崔家三代人保存的信

我三叔崔海治 1924 年出生，不到 18 岁就参加了八路军，在独立第 2 旅 36 团 1 营 1 连。日本人投降以后，我们老家那片已经是老解放区了，地方上的人不少。1947 年，我奶奶听地方上的人说，三叔好像是负伤了，她委托贫农协会写了封信，问到底是咋回事。部队回了两封信，4 月 17 号一封，4 月 20 号一封，回信内容都说三叔已经牺牲了，让地方按照烈士对待。

奶奶跟爷爷团聚仅一年时间，爷爷身体不好先走了，没几年，我奶奶也去世了。我是 1956 年出生的，奶奶留下的那两封信就放在柜子里面，存得好好的。每到春节的时候，我父亲就拿出信来看一看，从 20 世纪 60 年代到 70 年代，甚至 80 年代，过年的时候都会拿出来。

我们小的时候也不懂这些，知道三叔比我父亲小两岁，我父亲小时候上过几年冬校，就是在山西老家那边，每年到了农闲的时候就会上冬校，我三叔应该也跟着上了几年。听说他当兵以后会双手打枪，很英武的一个小伙子。

父亲念过几年书，比较注重我们兄弟几个的文化，都让我们读到高中毕业。1978 年赶上恢复高考，我又考了内蒙古邮电学校，毕业以后就一直在邮电系统工作。

1986 年我父亲去世，生前一直在生产队当会计。到 2009 年，母亲也去世。父母走了以后，那两封信就交到了我手里保存着。

爷爷奶奶生前一直想找到我三叔的墓，我父亲在的时候每年也都说，你们有能力的时候去找找三叔。这是老人的遗愿，也是一直埋在我心里的一件大事。

2001 年，我送儿子上大学，还回过一次山西保德县崔家湾老家，想去看一看老人们心心念念的石头窑洞。当年奶奶离开的时候找的看门人都还在世，他们一家人还住在那里，我去的时候老人已经 98 岁了，脑子倒还很清楚。

我向他询问了一些以前的事，问了一下家里几个长辈叫什么名字，我特别问了我那三婶叫什么名字，嫁到了哪里？作为后人怎么也得知道一下。但我没去找三婶，毕竟她已经改嫁了，我去了也算打扰人家生活。临走前，我给老人留下 20 块钱。

二、消失不见的烈士墓园

关于三叔，以前我们家三代人是有心但没有能力找。2016 年我退休了，有时间，也有这个条件了，要是不找的话也对不起老人。我先在网上搜，经常关注这个事情。

2019 年，突然看到一个报道，三叔牺牲的那个南村，一个老革命给小学生讲故事，说他们那儿过去有一个野战医院。我一看原来还真有一个野战医院，之前我以为三叔牺牲的地方就是个普通医院，可能埋了他们一两个人，应该不会好找。在野战医院牺牲安葬的烈士肯定多，不会没有痕迹。

我把报道下载下来，上面有图片、有名字，我按照上面的信息，去山西南村找这个给小学生讲故事的任常亮老人。我当时的想法简单，就是把遗骨挖回来，好好安葬了。

这个任常亮老人当过村长，念过初中，有点文化。我去的时候他好像是 75 岁，跟我说：“哎呀几十年来，我们这儿就没有人来找过。”

他见到我之后马上又给一个小学老师打电话，小学老师又通知了社科院的一个老师，社科院的这个老师以前也去过南村几次，对那片烈士墓地很上心。我们一通上电话，他就说：“哎呀，你是第一个来找烈士的人。”

烈士墓园原址

任常亮老人先带我去了原来野战医院那里，就在他家房子旁边二三百米的地方，现在已经变成玉米地了。我去的时候是 10 月，玉米地里农夫正在收割，刚割完的玉米秆还在地上立着，还有没收割的在地里面长着。老人就指着那一片说，就是在这个地方，原来是一片烈士墓地，二亩多大一块地方，立了木牌子，写的名字，周围打的土围墙，他上中学的时候学校还组织来祭奠扫墓。

我当天就返回到村子所属的方山县，找到退役军人事务部，一直等到下午见到局长，我把三叔相关信件的复印件都给他了。局长也就四十多岁，我跟他说这里原来有个烈士陵园，他都不知道这些事情。局长跟我说，吕梁地区有一个专门搜寻烈士遗骸的志愿者，叫李来平，做这个工作已经两年多时间了，局长把李来平电话给我了，让我联系他看看。

我打给李来平，他留我在县城住了一晚，从家里把他记录的本子拿出来给我看。他说南村之前确实有烈士陵园，抗战的时候那里是晋绥第六国际和平医院第七分院，就是白求恩医院。李来平之前走访调查过，按照老百姓的说法，那地方原来埋了一百多人。这么多烈士怎么能一点痕迹没有呢？

第二天，我又去了三叔出生的保德县。因为我在网上搜不到登记我三叔的烈士信息，他参军的岢岚县这边也没有他的名字，我就想去看看保德县的退役军人事务部有没有记载。结果也没有三叔的信息，我只能跟局长反映了情况，把相关资料复印件给他，先回内蒙古。

这期间，我又回了一次老家的窑洞，看门的老人已经去世了，就是在我第一次找他的那一年走的，现在他儿子住在那里，也七十来岁了。当初奶奶走的时候说用三匹老布把窑洞当给他们家，回来的话还可以要回来，我现在肯定也不会要了。我们兄弟几个在内蒙古生活都挺好的，也不会再回去住了。

烈士崔海治的侄子崔玉岐和看门人的儿子在老家窑洞合影留念

那个窑洞还挺好的，有一二百年的历史了，都是祖辈们留下来的。我在窑洞前拍了张照片留念，毕竟我爷爷、我奶奶、我父亲、我三叔，他们在那个地方住了二十来年。

回来以后，李来平和南村几个热心这件事的人，我们建了一个群，一直保持着联系。我也给当地镇里、县里、退役军人事务局打电话继续沟通此事，前前后后打了好几百个电话。

我的诉求就是说，那儿有一片烈士墓地，过去都是有名有姓、立了木牌子的，我希望能恢复这个烈士墓地，把这些烈士的遗骸挖出去，归到一个正式的烈士陵园里。当然如果能做 DNA 鉴定是最好的，之前也听说过从朝鲜回来的烈士可以用遗骨判定身份，山西这边也有过做 DNA 鉴定的例子。

一开始大家都觉得这事不太可能，也跟我说要我有心理准备，我三叔有可能不是在这个地方牺牲，怕是找错了。我坚信大概率就是牺牲在这里。这个事情后来就被吕梁市张广勇市长知道了，应该是通过社科院的工作人员知道的，他就询问吕梁退役军人事务局有没有这么回事，他们说有，我们提供的材料也证明这个地方确实有过野战医院，埋着烈士。

到 2022 年的时候，这片地就先围起来了，不让种玉米了。2023 年过年的时候，我又给张市长写了一封信，询问事件进展，这封信被市长转给退役军人事务局了。大年初七和初八，相关领导就赶到这片墓地来了。我当时看这是有希望了呀，要准备挖啊。

果然 3 月就组织人来挖了，准备清明节把烈士们的遗骨都迁到晋绥烈士陵园。政府还联系了复旦大学科技考古研究院的团队，给烈士遗骨做 DNA 鉴定、颅面复原等手段，复原了 40 余名山西吕梁无名烈士的容颜。

考古队的学生许怡冉也联系了我，我取了自己的样本寄到上海，还给他们发了两张我父亲的照片，说要比对一下跟我三叔长得像不像。

三、DNA 确认烈士身份

清明节那天，政府把挖出来的 49 具烈士遗骨迁到了晋绥烈士陵园，那时候 DNA 鉴定结果还没出来，我还不知道哪一个是我三叔。烈士墓前立的都是无名碑，有编号。

直到 9 月，鉴定结果终于出来了，编号为“M19”的烈士确认名字为崔海治。通过颅面复原技术，崔海治烈士的容貌也被复原。高鼻梁、

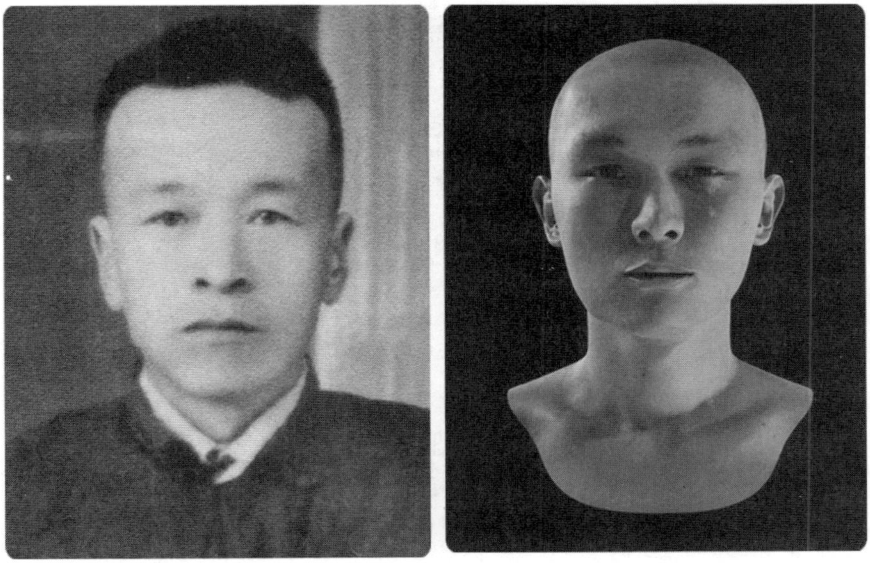

烈士崔海治哥哥和烈士崔海治容貌复原对比图

薄嘴唇、细长的眼睛，三叔和父亲实在太像了，兄弟俩不仅五官轮廓相像，就连眉宇间的神情也相似。

9 月 18 日那一天，我和李来平、薛奴成，一起来到了晋绥烈士陵园祭奠我三叔。薛奴成也是南村人，刚刚退休，也是一直热心烈士墓的事情。他说 1970 年他上小学一年级的时候，学校还组织去扫过墓，那时候都还有围墙，墓碑上的字还清晰可见。

我去的前一天，三叔的墓碑已经刻上了他的名字：崔海治烈士之墓。我们在志愿者的帮助下，给三叔，还有其他的无名烈士们，都摆上了祭品。

据挖掘烈士遗骸的团队介绍，这次出土的烈士遗骸，平均寿命仅为 20.5 岁，最小的不到 14 岁，他们中很多都还是孩子。他们的遗骸上有大量与战争相关的创伤，5 例个体存在截肢情况。此外，很多烈士骸骨上都有弹孔，有些烈士的肋骨里遗留了子弹，子弹基本是从正面射入，相当于烈士们当时正面迎着敌人而上。如今，这些子弹也变成了遗物的一部分。

我这个人一般不容易掉眼泪的，那天电视台采访我的时候，我掉泪了。

我主要是想起了父辈们的艰辛，我三叔牺牲的时候 23 岁，已经成家了，留下一个小女儿还不到两岁。我奶奶得知三叔牺牲以后，就跟我三婶说，人也没有了，你改嫁吧。当时我们也不在，我奶奶一个人带着小孙女，后来也不知道什么原因，那小女孩烫伤了没治好，4 岁就夭折了。我在心里跟三叔说，你的父母，你的哥哥，一直想找你，但他们没有这个能力。我终于把你找到了，我心里总算放下了一件大事，对老人也有交代了。

最近两年，想着对三叔了解太少，我联系上了三婶后来的家人。才知道她在 1998 年就去世了，也就是我第一次回老家的头两年。

三婶改嫁后又生了三个姑娘，还收养了一个儿子。三婶生前曾跟大女儿提起过三叔的事，说当年三叔牺牲后，是奶奶说不能耽误她，再三督促她才改嫁的。三婶说，都说“女大一岁好活一辈”，她就比三叔大一岁，结果三叔牺牲了，也没咋“好活”。我们老家附近几个村子离得都近，几里地，三婶有时候路过我们家窑洞门前还会跟大女儿说，这就是崔家的窑洞。

我本想着三叔的事到此也就告一段落了，没想到我回到内蒙古没多久，李来平给我打电话，说一名叫李小兵的烈士后人看了我三叔的相关报道，说他父亲留下来的文章里，写到过我三叔。

我听了很激动呀，马上就和李小兵加上了微信，他把他父亲生前写过的一篇文章发给我。我一看，还真写的就是我三叔，我一开始还不敢相信，仔细看完才确认。

我三叔连一张照片也没留下，更是没有战斗故事，这篇文章是唯一一点关于他的记录，真是意外惊喜。原文是用繁体字写的，也比较潦草，总共两百多行，我当天就在手机上用简体字记录保存下来。（因战争年代所写，原文难免有些别字和语序不通顺的情况）

四、战友的铭记

战士

李中林觉悟是甚么？一个同志，这是一个毫无愧色的阶级的同志，他给我吃吃劲劲地上完了这一课。时间过去了两年多，那生动的事实的形影，仍在人心中燃着不灭的热火，那嘹亮的雄美的遗言，又给人感觉无比的威武。我想把这个故事写出来，毕竟是怕把它写不好，但我又不禁在好多的场合上，给自己增添着新的希望！

每当看见归队来的新兵，或者一个开过小差的战士的时间，就把四二年的冬天，和他最初相识的事件想起。那时，我是一个连指导员，将才从团里补存下的归队战士，一个一个唤到跟前，和他们相谈。其中一个唤作崔海智（治）的青年，蹲在炕角上，一声不响。我喊了一声，“谁是崔海智？”“我就是！”他把那红肿的眼睛翻了一翻，“你怎么当了一年兵，倒开了三回小差？”我无意识地想难他一难，一个十八岁的小伙子，总会要点脸吧！“我想开就开么！这还由人？”（嚇，这家伙，小流氓……）斯时，心里怪恼火的慌，“那你还开不开？”他故意刺激人似的：“走的看吧，那可不保险！”谈话不愉快地结束。

我坐在锅台上，倾下头，用火光照着新战士登记表，一张一张地看，这些表，一点也没有帮了我的忙。把表扔到桌子上，忽地想起个班长，也是岢岚石塘沟跟前的，找来问问，许能知道些情况。不然，事情还是困难，他只是犹疑地说：“这个人怕待不住。”弄的那天，直思索了半个夜晚。愚蠢的无能的思想，对我笑了笑，这又要你填一份逃亡的报告了，简直是有些不平和气愤，跑就跑了！但是要知道为什么跑的哟。……不行，总得和这家伙谈个精明！

起初，我们谈了几次，年青人只痛苦地笑笑，“当兵倒对啦，要我说什么哩”，有时我热情地，坚持着要他说的时候，就有些发火的样子，“没说头，说也不顶事”。后来不知怎的，慢慢地，我也就不那么固执的，要和他急于谈清楚这个问题，只是有一种感觉：他虽不向你说你要知道的事情，但他却一天天愿意和领导上接近。这样，至少给我一个放心，不会一下就跑了的。

一天，他和我说：“不在步枪班行不行？”“有什么意见吗？”“大的问题倒没有，我打手榴弹打不远，不如扛个筒筒吧！”这个新的调动，他表示了欣喜和用功，不出两个月，团里实弹射击，小伙子三弹两中。获得了优等射手后，我又和他谈：“你该和我说了吧！你心里究竟怎么回事情？”这一次他没烦恼：“说那干甚，指导员，教我识字吧……”

四四年我们在岢岚山开荒，他从劳动突击队里竞赛回转，见了愉快地问我：“你看我现在怎么样？脑子有点改变了吧！”军区练兵回来，他带着模范学习者的奖章。我们两个人，赶队到前面，一路上说说笑笑。“指导员，我的思想，可是有点样子啦！”大路离他家十里路，我问他：

“回家不回？回的话，今天就住在你的家。”他把头扭过去：“不，咱们赶回连里去。”弄的人有些诧异。“你这个人！”他看到我有些生气。“说实在话，我哪儿有家……不是我不想回去……”

每当给一个同志填写入党志愿书的时候，就把五年前，岢岚十字塄的大山想起！炎热的太阳，晒得山色发红，枪皮发红，人的颜面发红，山上是干燥的道路、土岗，地里是艰辛的耕耘和呼喊。空气，眯住眼看出去，煞像锅炉里冒出来的滚动的热流，这时才真正会感觉到生活是非凡的奋斗！我们坐在一个高峁上，他指着山下的一个小村：“这就是我们村里，早年从保德崔家湾，搬到这石塘沟里，从小我没有别的，只有一个老母亲，我要不在家，她就得受饿受冻，我知道她现在不会在这穷家里，要到姐姐家里去的。（之）前，我总没这心劲当兵，当上一辈子兵，还不是受穷……现在思想大大不一样，我们有的是好日子过。当兵是革命，一年不行、二年、三年、五年……我总要叫我的母亲好活上几天！”年轻人说得是那样坚决自然。

谈完这段话，他兴奋地站起来，“咱们该走了吧，指导员！你不是老问我吗？这就是我的思想，你看我怎么样？从前没想通的时候，我不愿意和人谈，今天，我把它讲出来，是我想和你请求，看我能不能加入共产党。”看见那热烈的赤红色的面孔，和那红肿的眼睛和嘴唇，叫你感到说不出的亲切激动！填完表的时候，当晚，他笑着向我讲：“再给我母亲写封信吧！说我现在不想她，有咱们的政府和村里的群众，等的（到）革命成了功，我总能叫她好好地活上几年。”

当烟尘黏身，火药味刺得人兴奋，火光燐星四溅，战斗的人群，正在给敌人以致命打击的时间，我想起我们勇敢的同志——战斗突击队员！他曾在晋北作战中，带领两个班，奋战了一夜，攻下宁武车站。

战后，这被人们喜爱的英雄，担负了政治指导员。不能忘记，从四五年到今天，战斗是以非常紧张热烈的程度进行下去！未亲身走在这行列的人们，自然会惊叹：胜利来得那样迅速急转！

在战争的年月里，有的战士，一次，两次，多次，甚至会战战负伤。刚刚被搁出这个行列，但他马上又跑回到中间，有的战士则是寸肤未裂，一直在顽强地作战。崔海智同志，就是这样一个在无数次的炮火中，安然无恙的一员。汾孝战役，攻克孝义的那天，战斗刚刚进行了一半，我即不幸地躺在了担架上，战后，他跑来看我，别人和他开玩笑："你还没有死呀？"他快活地和我讲："你走呀，大概快回来吧？放心，不要紧，保险打不死我老崔。"我却有心地安顿了他一番："海智，不要太粗心了。"

住在熙攘的医院中，天天通讯员在村口会看到新来的伤兵。第五天下午，小鬼跑回来告诉："崔指导员也来了！"愁烦的心惊跳了起来，"伤重不重？""不轻……"半个月过去了，我的伤迅速地愈合。天天和他坐在一块儿，他老是悲苦烦恼。"我看我不中用了。"那瘦弱惨黄的身体，躺在炕上一动不动，只是那红肿的眼睛，常冲着人注视，蕴藏着无限的活力、热情。到夜晚的时候，他不禁奇怪地问一问："明天你不走吧？"一天，我难过地告（诉）他道："今天我就走。"一句话没说，他闭住眼，泪水流在了苍白的脸颊上。

这样挨了五天，前方送来信，通知他，孝义战斗荣获了功劳状和英雄奖章。我递到他手中，他连我的手紧紧地握住："你走吧，我不留你，何必要你看着我——死。"过去我们常拿这个字，在战斗中随便地说，今天，一个年青的二十二岁的最好的同志，他庄严的从容地吐出这个字，但在他说完这个字后，就再没有流泪，又重新睁开了那热红的眼睛，我从这一双热情的眼里，看得到他那更加热情的心！这时谁都不能伤情，因为一个战士即使死了，他那生命的活力，会从他的心中，跳到同志的心中。他兴奋地对我说：“你看我成了这个样子，我的心可是不想死，我在想，一个党员死了，老百姓给他立上一块碑，上面写上他的名字……”

呵！时间过去了两年半，他那雄伟的遗言，却像块碑石一样，竖立在我的心间。但我常常感到不安，这阶级战士的名字，还没有在广大的人们的心中，滋生无比的力量。一旦，在祖国的大地上，在他的家乡，在高高的山上，耸立起一块碑石，上面写着：“人民解放军的战斗英雄中国共产党员崔海智之墓！”日日夜夜！千年万年！我请那永恒的星月和太阳照耀着它放光！

（1949.7.1 日写于陕中醴泉张家村。纪念党的二十八周年。）

重新修复的崔海治烈士墓

李小兵的父亲叫李中林，跟我三叔同年，山西汾阳人。他是1937年10月参加的八路军，第二年入了党，跟我三叔在一个部队里待过，又先后在汾孝战役中负伤，住进了南村后方医院。李中林受的是轻伤，休养半个月后又上了前线，而我三叔伤重不治，牺牲在这所医院了。后来李中林还参加了抗美援朝，任志愿军第一军政治部组织科科长，1953年6月26日在敌机轰炸中壮烈牺牲。

我把这篇文章转给了吕梁退役军人事务局的人，这件事在当地又引起了一阵轰动。我也联系了三叔老家保德县，希望县里能有个记载，也算是为我三叔留下点东西吧。李小兵还给我发过来很多图片，说看看里面有没有我三叔。我哪能认识啊，我都没有见过。

消息一来都赶一起了。后来我又在中华英烈网岢岚县那里突然发现了我三叔的名字，就是他牺牲的那个县。上面名字是对的，村子也是对的，但三叔牺牲时是副连长，上面写的是战士，牺牲的时间也错了，这也是难免的。我几经周折联系上了那边的人，现在已经改过来了。

能找回三叔的遗骨，得感谢奶奶和父亲一直保存着的信。而看到战友口中的三叔，完全是寻找中的意外奖励。

我对三叔也从单纯的血缘亲情，变成了对革命烈士的敬仰。在战友的眼中，三叔是如此忠诚的一位革命战士，是可以为母亲、为祖国英勇献身的战士。

（口述人：崔玉岐　记录者：刘霞）

长津湖畔

1940 年的春天，驻青岛的日军占领了我的故乡山东莱西。我就读的联合中学组织了抗日宣传，我们这些年轻学生，就在日本人眼皮底下公然烧日货，发传单，喊口号，早就成了日军的眼中钉、肉中刺。

日军宪兵和汉奸要搜捕进步学生的消息传得很快，我不知道自己是不是已经上了他们的黑名单。就在心存侥幸时，这一天突然到来了。

我同往常一样赶到学校上课。一位同学忽然冲进教室里，满头大汗地喘着粗气，没说一句话，拉起我就往外跑。一定是暴露了。我们一气不歇地狂奔，一路跑到一家修车铺里躲了起来，店老板跟家里的长辈交好，二话不说，冒着杀头的罪收留了我们。躲在修车铺里，我上气不接下气，心里一个念头冒出来：我要就这么跑了，我的家人怎么办，我的小弟怎么办？

一、流亡学生

那年，我 17 岁。

在修车铺躲到傍晚，我们正愁去处，车铺的掌柜领来一个穿长袍戴礼帽的神秘男人，让我们一切都要听对方的安排。我们将信将疑，但危急关头，除了相信眼前的熟人，也别无他法。趁天黑离开车铺时，掌柜的递给我一副马车胶轮内胎做的皮枪（弹弓），让我拿着多少能壮个胆。

等到了南沙河的一片树林里，领路的神秘男人突然停下脚步，亮明了自己的身份。原来，那家修车铺是中共抗日组织的地下联络点。他是胶东沦陷区的地下政治教育指导员，专门负责转移爱国青年学生去大后方求学。

可是，哪里是大后方呢？我忽然想起大姐夫曾在信中提到，他就读的学校是抗日爱国将领李仙洲在安徽阜阳创办的成城中学。我小心翼翼地问起戴礼帽的男人，是否了解那所学校的情况，没想到他回答得爽快利索，说那正是他打算安置我们的地方之一，可以给我们提供路线图。

从莱西到阜阳将近 800 公里，从未出过远门的我，一听说要去那么远的地方，心里有些发怵。那人似乎看出我们的犹豫，郑重又严肃地说，明天一早必须离开，否则让日军宪兵抓进去，能出来也一定是废人了，再不走全家都会因为我们大难临头。

听了这话，我知道自己没有理由再犹豫下去，况且那里还有大姐夫在，多少也有个照应。只是想到家里的小弟还那么小，我怎么放心得下呢？

在我们几个兄弟里，小弟孙铭祥相貌生得最英俊，浓眉大眼，个头也高高大大。他从小跟着父亲习武，拳脚功夫尤其厉害，两截鞭打得更是在村里数一数二。他头脑聪明，能写一手好字，但惹起麻烦来也是一把好手。除了爱跟我一块耍皮枪，他最喜欢的就是《三国演义》和《水浒传》里的那些英雄好汉，里面的故事听多少遍也不够。

等到我读初中时，同学们经常私下偷偷传看一些禁书，上面查得越紧，底下看得越热闹，我也因为书中的文字热血沸腾，一回家就迫不及待地把在学校的见闻讲给家里的小弟听。家里的老房子前有一个不大的小水湾，四周长满了柳树，早晚时分，就是我“说书”的最佳地点。

不知是不是故事听得太多，这家伙从小就像书中写的英雄侠客一样，有副疾恶如仇的刚烈性子。只要见到受欺负的人，他总忍不住要替人打架出头，熊孩子见了都怕他，家里更是天天被大人们找上门来讨要公道。母亲没有为此责骂过成天惹是生非的小弟，唯一一次对他动真格也并不是因为他跟人打架。

小弟的学校就在与我家一河之隔的寨南村，日寇占领莱西后，日本宣抚班负责奴化教育的人，经常去下面的学校宣传。小弟胆子大，做事不管不顾，叫上几个堂兄弟躲在河西岸的芦苇荡里，专门朝东面路上的日本人打皮枪，日本人没发现他们，胡乱开枪吓跑了这群孩子。母亲知道后，第一次拧着耳朵大骂了小弟，说他小小年纪就敢去招惹日本人，简直不要命了。我很担心我走了以后，小弟还那么淘气，可怎么办？

我和神秘男人分别后，偷偷回家和父母告别。当时正是清明前后，娘哭着问我："大后方远吗，那地方也有日本兵吗？"我不知该如何回答，这偌大的国土，真有地方能独善其身吗？

为了我的安全，爹娘没有阻拦。夜里，母亲连夜给我准备了铺盖和干粮，大姐给我带了件崭新的夹袄，他们把家里仅有的10文铜钱塞到我手里。

这一夜，家里人都没睡觉，一齐围在正屋的土炕上，每个人都有说不完的话，像要把这辈子的话都说尽了。第二天清晨，娘和三位妯娌擀了四柱子手擀面，白面只有一小柱，母亲大都舀给了我，其他人只分了那三大柱子地瓜和豌豆面。卤子则是用过年攒下的一刀咸肉，合着豆酱和萝卜干做的，这顿饭，难忘又奢侈。我生怕吃得慢了就舍不得动身，一股脑唏哩呼噜扒了个干净。

因为去大后方的行动需要保密，离家不远的县第三小学里住着日本人的督学和汉奸，家里人一同送行目标太大。临出门前，那一双双看向我的眼睛像有什么魔力，把我的脚牢牢地粘在了地上让我动弹不得。我横下心，将他们全部挡在屋门内，独自一人去三里外的洙河边与同学们会合。

这条求学之路也可能是一条无法回头的流亡之路。不归路是我的，不是他们的。出发不久，天下起了蒙蒙细雨，听到后面急促的脚步声，我猛地回头，发现是拿着蓑衣来寻我的小弟。我让他回去，他不肯，执意要送我一程。

我们兄弟姊妹6个，我与小弟感情最好，9岁的他说自己可以装着去上学，小孩不会引起旁人的注意。我拗不过他，只能答应。离开村子过了东沙河，绕过寨南的县第三小学就到了洙河边的青石板桥前。

这时，其他的同学已经提前到了。

分别的时候到了，见我要过河，小弟突然抓着我的夹袄哭了起来，问我能不能带他一起。“宽儿听话，你在家要听爹娘的话，等你长大就来找哥，哥等着你。”

这时，起早过河的人多了起来，见小弟还是不撒手，我念起他对皮枪情有独钟，就掏出了车铺掌柜给的那副新皮枪：“你要停步，这玩意儿就归你了。”

小弟的皮枪早已断了好几处，虽然用麻绳绑了几次，但早已没有了弹力。拿着马车内胎弹力十足的皮枪，小弟的眼睛彻底挪不动地方了，翻过来覆过去，看个没完。

见他一时兴奋地出神，我跟着同学们急步走过了石桥，一口气爬上河南岸的山包顶。转身看过去，小弟单薄的身影仍立在石桥边，似乎还在挥着皮枪冲我招手，那一瞬间，我憋了一夜的泪水再也忍不住了。

我们一行人刚步至沂蒙山区，就遇到日机轰炸，慌乱中，我与同学走散，只能开始独自流亡。娘准备的干粮吃完了，我就靠帮人打柴换点食物或路费。有时饿得连打柴的力气都没有，就沿路乞讨。

夜里找不到住的地方，就在路旁或村头草垛里露宿，天亮后再接着赶路。钱花光了，干粮吃完了，到最后，连大姐给的那件夹袄都卖了，那是我唯一也是最后的东西了。

我身上只剩了一张“战区流亡学生证”，我把它藏在衣服的夹缝里，混在逃难的老乡中，小心翼翼地穿过一道道封锁线，一路迂回南下至安徽。在好心人的帮助下，1940 年冬，我终于考入了安徽阜阳的成城中学，当时已经改名叫国立第二十二中学。

开学第一节课，我是屏住呼吸听的课，在艰难的抗战岁月里，流亡生活虽然清苦，但能读书就是天堂般的日子。但这样的好日子不是一直都有的。

其间，大姐夫为了生计，毕业后离开阜阳去了兰州的国民政府谋职，唯一的亲人走了，我又成了孤身一人。

二、小弟的下落

1944 年 9 月，因日寇占领了豫、鄂一带的平汉铁路，我和同学们只能再次踏上流亡征途。途经河南省时，日寇追了上来，11 位同学惨死在他们的屠刀下，最小的只有 14 岁。我因为走在前面又跑得快，才躲过一劫。没有棺椁收敛，也没有爹娘在旁，看着那一具具年轻的身体挤在冰冷的土坑里，我心碎了，他们和小弟一般大小。

跨过平汉铁路，便是被肆虐的中原大地，沿途所见惨状触目惊心。一个已经咽气的妇女，坐靠在街边土墙旁，臂弯里搂着个婴孩，那孩子俯身贴在妈妈敞开的怀里，已经失去血色的嘴唇，还含着妈妈干瘪的乳头。

我看看自己脚上那双龙须草编成的草鞋，人命与草芥，有何区别呢？我们一路沿着汉江逆流而上，流亡到陕西境内时，已经进入了 11 月。

饥寒交迫走投无路之下我想起了大姐夫，去信两封想寻求帮助，但不知道为何，求助信都石沉大海没有回音。

一直到汉阴，有天我的同学突然告诉我，说他看到了我的姐夫。我按他说的急忙去寻人，只见大姐夫穿着一身国民政府的警察制服，戴着黑色的大檐帽，挎着一把窄刀，像是一个管事的长官，不知道来汉阴有什么任务。他的样子很严肃，我有些吓到了，没敢多问，只有些难为情地问他可否匀一件里衣给我，我穿得实在太破了。但大姐夫以不便为由拒绝了我。我察觉到他的为难，便默默离开了。

好在天无绝人之路，不久我终于有机会给家里写了第一封信报平安，那时候，我已经离家流亡整整四年。这样东奔西走的流亡日子一直持续到抗战胜利，我以为可以安心求学，没想到内战爆发了。

1949 年全国解放后，我找到当地的解放军 2 野 18 军想报名参军，部队一看我有高中学历，当即任命我当了文化教员。

但在秦岭林场学习锻炼期间，我在抗战流亡时患上的肺病复发，只好申请转业回家。经过半个多月的颠簸，1950 年 2 月 14 日傍晚，我辗转到家乡莱西县城的汽车站。

此时我已离开家乡整十年。在我们老家，到了腊月二十八这一天，各家都要开始张罗年货，通常是一早发面，到了过晌蒸饽饽、蒸圣虫和炸面鱼。

我下了汽车，临近天黑，走在街道上，家家户户都热气蒸腾，香气四溢。回家路上，天上飘起了清雪，尽管路面都被雪盖着，但这是回家的路，我闭着眼睛都能摸着。

临近村口，我的心跳得快了，步子却慢了下来。所谓“近乡情更怯”，大概就是这样的感觉吧。往前走，我见不远处也有个同乡在匆匆赶路，那人的步子急得很，背影更是越看越熟，我快步撵上去一瞧——“二爸！”

来人吓了一跳，定了几秒才反应过来我是谁，来不及寒暄，高兴地扯着我就朝村里走。终于到家门口了，我听见了屋里热闹的拉呱声，心突突地更厉害了。

在我们这个27口人的大家庭里，吃饭是头等大事，眼前又临近年关，里里外外忙得不亦乐乎的爹娘，似乎一时忘记了离家多年的儿子。

正在大家要开年夜饭的时候，我叩响了门。跟离家时寒酸的模样相比，回家的我穿着2野部队的冬棉装，戴着护耳棉帽，打着绑腿，因为是享受排级待遇的文化教员，还蹬了一双半高腰的黑色皮鞋。

“娘，俺回来了！”昏暗的油灯照不清对方沧桑的脸，过了许久，被我这副军人样吓了一跳的爹娘才反应过来，门外是已离家近十年的大儿子。爹娘认出我来，喜得合不上嘴，赶紧把我引进屋里，母亲拉着我，凑上来仔仔细细地打量。我记得母亲的视力一直很好，还能在深夜做活，我问她：“娘，你咋啦，是看不清儿的脸吗？”

旁边的妹妹们沉默了一阵才告诉我，娘的右眼已几乎看不见了。不知这十年，娘为我们流了多少泪。

十年过去，家中样貌没有大改，只在老院的东边，发现了3栋新起的泥墙草屋，除此之外，我还多了13个素未谋面的堂兄弟姊妹，全家人口齐全，唯独有一人不见了——小弟孙铭祥。

我忙问小弟去哪儿了，二爸忽然反应过来，急忙从怀里掏出了一封写着部队代号的信来，信是他刚刚拿到的，上面署着小弟的名字。二爸本是赶着来送信，却和我在半路遇上了。同一天一下得知了两个儿子的下落，爹娘和家里的亲戚们都乐得合不拢嘴。

见我回来，母亲说年前备下的东西不够，得给我包顿团圆饺子吃了才吉利。向来不管家务事的父亲听完，二话没说，竟亲自到灶屋里，割了一大块留着年三十祭祖的肉，说这顿饺子里肉得管够。

热乎了一阵，我赶紧催二爸把信打开，这才得知小弟的下落。他在参加胶东八路军警备 4 旅 8 团后，跟着部队从胶东半岛一路打进了上海，还参加了济南、淮海、渡江战役，现随部队驻扎在上海的金山卫。

小弟信中说自己在孟良崮战役之后就光荣加入了中国共产党，在淮海战役升任作战班长。解放上海后，被一纸调令调到团司令部任卫生班班长。起初，他仍一心想留在前线作战，可整个 240 团挑不出几个读过初中的人来，从没搞过卫生工作的小弟硬着头皮上了岗。

没想到，那个 15 岁离家的小男孩已经不再是幼稚的孩童，而是一名肩负重任的老兵了。我又赶忙追问了爹娘，小弟为啥要去当兵。

原来，老家莱西水集解放的那天，自小胆大的小弟，兴致勃勃地逃课跑去围观八路军作战。没想到第二天，一到学堂就受到了老先生的点名训斥，在那位先生眼里，读书人的黄金法则仍是“两耳不闻窗外事，一心只读圣贤书”。

小弟年轻气盛，哪里受得了这顿训斥，老天像站在了这个热血少年这边，同天上午，恰逢胶东八路军警备 4 旅来学校招兵。正在气头上的小弟想都没想就报了名，连家都没回，只让同村的一位同学帮转告：“帮俺告诉俺娘，俺去当兵了。”

爹娘得到口信后，疯了一般赶到学校找人。学校的两排教室间有段十几层的石阶，裹着小脚的母亲瘫在上面再也走不动了，找完校长回来的父亲说招兵的八路军早已不知去向，母亲听完瘫在台阶上，哭得起不来身。

一直到天黑，二妹和三妹提着灯笼赶到了学校，大家才一齐搀着母亲往家走。路上有一条沙河，母亲来去全靠父亲背。平日里身手矫健的父亲，走到河心突然摔倒，一下子跪在膝盖深的河水里，手上仍紧紧托住背上的母亲不放。

妹妹们费了好大的劲，才将两人扶起来，手里提的灯笼却掉进河里灭了。周围一片漆黑，只剩河岸高高的芦苇晃着黑影，两个妹妹吓哭了，背着母亲的父亲也哭了。

月光下的泪闪着悠悠的光影，和清澈的河水映在一处，那是这辈子倔强的父亲唯一一次被人看到流泪。回到家后，无论周围人怎么劝，母亲都不肯吃饭，一个人坐在蒲团上哭。

早秋的天气依旧闷热，有痨病的母亲憋得上不来气，妹妹们轮换着用蒲扇扇风，直到天快亮。母亲醒来摸索着问一旁的二妹，8 岁的三妹去哪儿了。看到正在一旁熟睡的三妹，二妹才知道，哭了一夜的母亲，一只眼睛已经看不见了。

我望着有些憔悴的母亲和那双不再明亮的眼睛，多年未能尽孝的歉意涌上心头，鼻子一阵发酸。我连夜回了封书信给小弟，谈完家里的情况，还勉励他在部队好好表现，争取更大的进步，全家人都等他归来团圆。

三、朝鲜来信

1950 年的国庆节，我才收到了铭祥弟弟的第一封回信。原来，春节后他所在的部队奉命进行武装泅渡和抢占滩涂演练，备战解放台湾。

当时，部队的作战训练是秘密的，指战员的书信也受到了纪律约束。所以直到结束演练转移到山东泰安后，部队才允许给家里写信。我什么都顾不上了，急忙给小弟写了一封回信，可这次却没有上一次那么幸运。

一个多月后的 11 月 7 日，《人民日报》首次公开报道了中国军队入朝鲜作战的消息。这条仅有 34 个字的新闻，我不知读了多少遍，越读越紧张，连忙照着上封信留下的地址，又给小弟去了一封信，询问今后的动向。但我哪里知道，此时的他早已随部队跨过鸭绿江进入了朝鲜战场。

我回家后，去县城继续当教师，专门给县机关人员当文化教员。大姐夫也在淮海战役前跑回了家乡，当了一名小学教师。不知为何，我们再见面，他待我不似从前亲近了。多年不见的我们，彼此像生出了一层说不清道不明的隔阂。少年的情谊就该留在少年时吧。

我的学员中有一位是县兵役局局长，有一次他告诉我认识一个参加过抗美援朝的兵，那人不仅荣立特等功，还和小弟是同一批参军的战友，同在 27 军 80 师 240 团。我只觉是老天眷顾我，赶紧打听了这个人的名字。

这个志愿军战士叫孙明芝。我得知他春节要回家探亲，一直找人守着他的消息，他回来的第一时间，我就找到他了解小弟的情况。

孙明芝说，本来备战解放台湾的战士们心早已飞向宝岛，恨不得早一点推进祖国统一，但 1950 年 11 月 1 日的夜里，部队临近泰安火车站的营地，突然加了双警卫，只准进不准出。大家已经隐隐约约感受到临战前的紧张气氛。

从上海北上山东时，小弟的卫生班带了一些医治血吸虫的石灰膏。自 1950 年夏天开始，因为天天武装泅渡，部队大范围感染了血吸虫。得了血吸虫病的人，肚子像西瓜，脖子像丝瓜，手臂像黄瓜，有气无力，苦不堪言，更不用说武装训练了。

小弟带着卫生班不分白天黑夜，硬是用火烧燎杀的方法，将训练场的钉螺灭得一干二净。石灰膏很沉，一人背一袋也很吃力，仅有的马匹驮辎重都紧张，那时的营地一片忙乱，后勤股长一时找不见个人。小弟只好去请示四处检查的团长。只见团长摆摆手，他当即意识到，部队这是要去朝鲜了。

果然这天会后，部队紧急集合奉命赶往火车站，只说要去演练，至于去哪里谁也不知道。240 团离开山东泰安后，一路越来越冷，大家才知道车在一路北上，他们的目的地是寒冷的朝鲜。

11 月 4 日夜里，部队由辽宁安东（今丹东）入朝后，徒步向朝鲜盖马高原腹地长津湖方向前进。谁也没有想到，一股 50 年不遇的西伯利亚强寒流也进入了朝鲜北部，将整个盖马高原冻成了一个巨大的冰坨。长津湖地区是朝鲜北部最为苦寒的地区，海拔在 1000 米以上，林木茂密，人烟稀少，夜间最低温度接近零下 40 摄氏度。240 团以每天近 60 公里的速度，在冰天雪地里连续徒步行军 400 多公里，于 11 月 22 日到达了长津湖以北的作战区域。

此时，盖马高原的最低温度降到了零下 50 多度，27 军出国的第一天就有 700 余人冻伤。小弟率领卫生班下到了前线连队，去宣传防冻知识，保护好手脚才能保证基本的作战能力。卫生班告诉战士们，宿营时绝不能用热水洗手、洗脚，不能烤火，要相互把手脚伸进对方的棉衣里取暖。

坚持到 11 月 27 日夜里，震惊世界的长津湖战役打响了。

这次志愿军面对的敌人，是美军战斗力最强的陆战 1 师和享有“滴漏器师”之称的美 7 师。铭祥弟所在部队的 240 团 2 个营，负责攻打 1 个美军加强营驻守的内峙洞。孙明芝是 8 连的重机枪班班长，在内峙洞战斗中，8 连只剩了他和另一位指导员。

追击敌人的路上，扛着马克沁重机枪的孙明芝还遇见了小弟。小弟叮嘱他，说美国佬的飞机和大炮专打重火力点，不能老在一个位置打，到时多换几个位置打，还送了他几支卷好了的旱烟。

当时的志愿军 27 军，每个师有一个卫生连，每个团有一个卫生排，而且大都分配到了基层连队担任战地救护。说是救护，其实就是往下背伤员，因为在平均零下 40 多度的极寒天气里，志愿军战士的伤口不出几分钟就被冻住，几乎不用止血。

经过几天的激战，240 团只剩下了残缺不全的警卫班、通讯班、卫生班和炊事班。这些看似班的编制，其实并不普通，实际相当于军干部大队和师的教导队，是 240 团的“种子”和“骨干”。

可养兵千日用兵一时。这时，天已经大亮，鹅毛大雪仍在下着，而四面被围的“北极熊团”仍在孤注一掷地抵抗。起初，240 团于春圃团长只是命令警卫班、通讯班、卫生班追击，可眼见美军要跑，没有配枪的炊事班也抡着菜刀、铁铲和扁担跟了上去。这是240团对新兴里“北极熊团”的最后一击。

到 12 月 2 日夜里 12 点，240 团又接到了越过冰封的湖面继续追击的命令。离开战场前，后勤部队立即打扫战场，但直到 12 月 24 日长津湖战役结束，也没有发现小弟。

活不见人，死不见尸，部队只好将小弟列为失踪人员。当时，失踪志愿军无非三个结局，要么牺牲，要么被俘，要么当了逃兵。这三个结局，都是我们承担不起的。

看我神色大变，孙明芝又说，小弟十有八九是牺牲了，只是没有找到尸体而已。他相信那个硬骨头的年轻人绝不会被俘，更不会当逃兵。

这一刻我不知该希望自己的亲弟弟是死，还是希望他活。谁会想要自己的兄弟死呢，但活着又只剩一个可能，即成为叛徒，背上了永远都洗不掉的耻辱。

这样的消息要是告诉爹娘，只能让他们更加心焦。更何况这些只是推断，母亲已经哭瞎了一只眼睛，难道我还要让她把两只眼睛都哭瞎才心静吗？我不能。

我只能把从孙明芝这里了解的疑虑和担忧藏在心里。爹娘问起来，我只说小弟的部队还在朝鲜打仗，他才 19 岁，迟两年回家娶亲也不晚。

几年里，兄弟姐妹们陆续都成了家，那个年代做军属是异常光荣的事情，我的两个妹妹不约而同都嫁给了军人，成了名副其实的军嫂。

烈士孙铭祥的二姐一家

只有大姐夫和我一样是平凡的教书匠。

妹夫们也积极帮忙四处打听小弟的消息，每次母亲看到他们，都会问起小弟的下落。二妹夫张文焕所在的 26 军也参加了长津湖战役，1955 年春节跟二妹结婚时，他已是一名大尉军官了。父亲见了做军官的女婿只顾得乐了。可心细的母亲却将我叫到一边问：“26 军都回国了，那你弟的 27 军怎么还不回国？”

我还没想好词。母亲又问：“二姑爷这么大的官都回来了，你弟不就是个班长嘛，还留在朝鲜干啥呢？”

我只好编理由搪塞说，俩人不是一个部队，小弟的部队留在朝鲜还有任务。实际上，早在 1953 年 7 月 27 日，朝鲜停战协定已经签订，历时 2 年零 9 个月的抗美援朝战争早已宣告结束了。

两年后三妹也结婚了，三妹夫是新中国的第一代海军军官，爹娘见一身雪白军装的三妹夫更高兴了。母亲高兴之余又回过神来问我：“海上的部队都回来了，你弟弟那个地上的部队怎么还没信呢？”

“海军没有参加抗美援朝。”我又一次糊弄了过去。

三妹婚礼时，我特意把俩妹夫叫到一旁，把孙明芝的话从头到尾复述了一遍，想看看他们有没有什么门道能帮忙打听打听。他们凭着多年的从军经验分析说，小弟十有八九是牺牲了，除非他当了俘虏去了台湾。

小弟曾经的信中说到要解放台湾，那是让全家人感到无比荣耀的名词。现在，这却成了我心中一道很久以来都挥之不去的阴影。而在这道阴影真正降临之前，打破家中宁静的却是另一道晴天霹雳。

四、烈士证

1957 年的春天，我的大姐夫突然被当地公安部门逮捕入狱。他是我的同学加姐夫，也曾是一名抗战流亡学生，我们是老相识，又是亲人，他能犯什么事？一头雾水的我向县公安局局长一打听，顿时懵了。

才得知我的大姐夫不但是国民党的军统特务，回到家乡后还一直与其他特务用密信保持联系。原来大姐夫口中那份兰州国防办公厅的工作，实则是国民党的军统特训班。我想起曾向他要件衣服却被拒绝的往事，想必做这种工作的他是不想过多和亲人亲近吧。当时他加入的军统特训班，本是为了对付日本人的在华特务，可没等毕业，日军就投降了，他们开始把矛头对准自己人。解放战争期间，在苏北执行任务的大姐夫偷偷跑回了家乡，隐藏身份做起了小学教师。没有人知道他的军统特务身份，也没人知道他仍旧在为过去的“老东家”服务。大姐更是直到丈夫被逮捕也不知情，只是哭着到县机关所在的“福顺德”小楼找我帮帮她男人。大姐夫这次是在酒馆里与来人接头时被警察抓了个正着，无可争辩，被判处有期徒刑 15 年。

烈士孙铭祥的三姐一家

我清楚当时的政策，只要亲属里出了特务，除了要被人嚼舌根，戳脊梁骨，会一辈子被人看不起。若是小弟也做了俘虏，投敌叛国，那我们全家一定会被当作反面典型，不知有多少罪要遭。

想到这里，我更加心慌起来，搞清小弟的下落成了事关家族未来的大事。

我想起了在新华社

总部工作的同学，连忙去信给对方，求他帮忙联系解放军分社的同事，看能否打听一下小弟的下落。对方在回信中说，依据当时情况看，长津湖战役惨烈异常，连美军的“北极熊团”都只逃出了300多人，能在这场战斗中保住性命就谢天谢地了，比起被俘，小弟牺牲的可能性更大。

或许是为了帮我缓解焦虑的情绪，他冒着风险告知了我另一个惊人的消息：毛主席的大儿子毛岸英也牺牲在了朝鲜战场。当时，这个消息连县委书记和县长也不知情，更别说其他人了。

我知道这是国家机密，不能说，只能把这两个消息压在心底，我几乎找遍了能联系的朋友，已是山穷水尽，无奈之下只能把一切都交给时间。

自莱西解放后，人民政府开始在每年春节派人给军人家属发放“军属光荣”和“烈属光荣”牌。

到了1958年的春节，大年三十的上午，大家都在盼着，在一片锣鼓喧天和“拥军秧歌”声中，像往年一样，村支书将一块木质红字的“军属光荣”的牌匾，钉在了我家的门框上。每年有了这块牌子，全家就像是握住了免死金牌，“军属”“烈属”一字之差，足以让我们相信，小弟确实还活着。

父亲喜得合不拢嘴，对放假回家的我说，你瞧，你弟一人参军，全家跟着光荣！只是母亲仍是叹气，问我，光荣是光荣，可光荣了这么多年，小弟为何连封信也不能写呢？

看着已经哭瞎一只眼睛的母亲，我只能不断用谎言去圆另一个谎言：“北京的同学来信了，还有志愿军留在了朝鲜搞建设，没准儿小弟就在里面。”

1958 年的 3 月 12 日的这一天，《人民日报》发表了志愿军总部撤离朝鲜的公告，志愿军年内将分三批全部从朝鲜回国。我突然有了一个不好的感觉，快十年了，如果活着的小弟还没有消息，那一定是当俘虏被抓去了台湾。那时的台湾，还是人们口中的禁忌。我只能把这样的疑问压在心底，一年又一年。

这一年的国庆节，已经 35 岁的我终于成家了。母亲问妻子，说宽儿（小弟的小名）留在朝鲜搞建设，什么时候才能回来娶媳妇啊。年纪尚轻的妻子还很单纯，说起自己听说过的一位抗美援朝的战士，回国时就带回一个漂亮的朝鲜媳妇。听妻子这么一说，母亲乐得止不住地流泪。

没想到当年腊月里的一天，县兵役局的两名干部神色沉重走进了家里。正在搓苞米的爹娘，一时没反应过来，直到兵役局的人恭恭敬敬地掏出了烈士证书。两位老人不认字，兵役局的人只好捧起烈士证书来读。当听清小儿子孙铭祥牺牲的确切消息后，母亲当场哭倒在地。

父亲则是一言不发，蹲在角落里一个劲地吸着旱烟。当两名干部准备离开时，他忽然扔掉了烟袋锅，抄起门边的铁锹朝人身上砍去。兵役局的干部不知送过多少次烈士证书，可从来没遇见这阵势，急忙拔腿往外跑。父亲一直追到了大街上，边追边骂："俺儿都死这么多年了，县里这才吭声？ 8 年啊！还俺儿！"

村里的人，包括陪同的村支书，没有一个人上前阻拦。大家都同情年纪古稀的父亲，等了 8 年，盼了 8 年，儿子却早已不在这世上了。兵役局的干部回去后马上报告了县里，县领导交代我，赶紧回家好好安抚一下父亲，不能再节外生枝了。

我知道我弟是硬汉子，不会当逃兵，更不会当叛徒，但我过去一直都不敢想，那个一路跟着我的男孩是不是真的不在了，直到今天，我心里的石头才重重地落了：我弟真的永远不会回来了。

当我骑着县里通讯员的自行车赶回家时，看到本来视力就弱的母亲仍在撕心裂肺地哭，哭小弟 15 岁离家，哭他死之前也没成个亲，哭我骗了她这么多年。

而父亲依旧拄着铁锹站在街门口，见我回来了，又大声嚷道："打仗哪有不死人的，可人死了 8 年了，8 年了，县里才吱声！"

村里围观的人越来越多，我知道父亲的脾气，倔劲上来十头牛都拉不回来，这口气不平他心里的坎是过不去的，我顿了顿，就算要被处分，也只能如此了。

我轻轻凑上前，悄声告诉别过脸的父亲——毛主席的儿子也牺牲在朝鲜战场上了。父亲愣了一会儿，这才跟我走进了院子，埋头蹲在门槛的一角，一袋接着一袋地又抽起了旱烟袋锅。

驻守在朝鲜的 9 兵团奉命回国后，各军曾留下一个小分队寻找失踪人员。1953 年 7 月 27 日，中美交换了最后一批战俘后，27 军的战俘名单里没有小弟。

到了 1958 年 3 月，志愿军全面撤军之前，继续留下来的人员曾再次进入长津湖地区。一个朝鲜老乡来报告说，在一个山沟里发现了不少尸体的痕迹，留守的部队派人赶过去查看了一番，终于在还没腐烂的"光荣条"上看到了小弟的名字，这才确定了他的烈士身份。

五、没有回家的士兵

过去的人总说苦吃得越多越显老，但长久以来，虽然几度生死徘徊，我却并没有这样的感觉，直到确定小弟牺牲。不足一月，不知不觉中，我以肉眼可见的速度衰老，正值壮年的汉子看上去活像半百的老头。

1959年春节的大年三十，又到了送光荣牌的时候，不过这一次，连续送了15年的红色“军属光荣”牌，却变成了红底黑字的“烈属光荣”。

那年我除了用平常节约的饭票买了1斤猪肉和50斤地瓜干，还专门请人画了两张小弟的画像：一张头戴大檐帽，一张骑着高头大马。那是画家凭着我的描述并参考27军入朝前的照片，为小弟画了这两张遗像。快二十年没见的亲人，再见面却成了画中人。

母亲双手摸索着小弟的画像，禁不住又哭出了声来。父亲把画像挂在屋里最显眼的地方，他终于把儿子盼“回家”了。

母亲的另一只眼睛也很快哭瞎了，看面前的人和东西都是重影，但仍坚持每年夏天摸索着翻做一家人的棉被与棉衣。

妻子有次回老家看母亲，只见母亲独自在院子里的树底下缝被褥，因为看不清，手指都被针扎破了，可她还在缝，妻子急忙接过了针线。母亲叹了一口气，说后悔没能给弟弟早些成亲，那样的话留下个一儿半女，也不枉来世上走一遭。

“文革”开始后，因为大姐夫的特务身份，造反派非让和大姐夫同读过国立二十二中学的我，也承认自己是国民党特务。1966年秋天，

烈士孙铭祥的侄子孙波沙和其母亲

我被下放到自己和小弟曾经就读的县第三小学，离老家不过一河之隔，但连续3个多月不准回家，白天教书，夜里挨批斗。

妻子带着曾是老兵的岳父来学校寻我，看着我青一块紫一块的身子和血呼呼的脸，问我怎么挺过来的？我说，我弟弟是光荣的烈士，他在那边守着我呢，万一我被打死了，我也跟他一样，是一名烈士了。妻子哭了，说哪有这样的烈士啊，这样的烈士谁会承认呢。

我想，天上的小弟一定是看见了，才故意在家里最难的时候把自己那张“烈士证”送回了家里。他的命化作了一面坚固的盾牌，护住了全家在刀光剑戟下的太平日子。

但即便有小弟的身份相护，我的处境都如此艰难，那大姐夫呢？妻子看出我的忧虑，敏感时期考虑到我的公职身份，泼辣直爽的妻子没有一丝犹豫，说：“你放心，我去监狱看他。”

我用节省的饭票买了一些混合面粉的窝窝头，交给了妻子带去监狱。那时候我的工资要接济父母和大姐一家的开销，常常一分多余的钱都拿不出来。妻子的布鞋早就破了，大脚趾整个露在外面，却连买线缝鞋的钱都舍不得花。独自一人骑上自行车就去了50里外的莱阳监狱。

妻子见到大姐夫时，他只穿了条破裤子和鞋子，光着脊梁，说上衣洗了还没干，他低着头，眼眶红红的，那是在家人面前，才会显露的脆弱。

大姐夫、小弟、我……我总是忍不住想起我们的过往，如果我们都像小弟一样战死疆场，也是一种幸运吧。

有天夜里，工厂公映一部电影，是讲抗美援朝战场上的故事，我也赶去凑热闹。那天晚上我毫无睡意，起身到宿舍外的大院里散心。我寻了张石凳坐下，因为流亡时染上肺病，烟是从来不敢碰的。但那天的我不知犯了什么魔怔，翻出一盒压箱底的香烟抽了起来。旁边的柳树在温柔的月光下显得自在悠然，让我想起家门口那汪水湾旁的大柳树。

我好像又看到多年以前，小弟笑嘻嘻地偷偷溜上来，逮住靠在树下正在读书的我，要我给他讲故事，陪他打皮枪。他的笑容在黑夜里清晰起来，我伸出手想去够那张笑脸，却只握住自己口中吐出的烟雾。我揉了揉泛花的双眼，脸颊和手心泛起一阵潮湿的凉意。

我知道小弟的遗骨早已在他乡作土，跟那片陌生的土地融在一起，我没有机会带他回家了。但我至少要留下他的名字，他们的故事。

我怕自己有生之年不能完成这项事业，所以一遍又一遍地告诉儿子

烈士孙铭祥的哥哥孙文祥和其子孙波沙

孙波沙："你的叔叔叫孙铭祥，所属部队的番号是中国人民志愿军第 27 军 80 师 240 团，牺牲在朝鲜的长津湖战役中，以后有机会一定去看看他。"儿子孙波沙后来花了数十年，走访了上百位志愿军老兵，查阅了很多相关资料，立志要记录下那些在长津湖牺牲的"叔叔"们的故事。

我的家乡有个习俗，年三十的饺子要等到午夜吃，这样那边的亲人这时才会出来看一眼人间，吃上几个饺子。每年的午夜时分，我都能看见在院里忙活的母亲，只是她的腰越来越弯了，我看着这座熟悉的院子，眼前的月光被泪水洇出重影。母亲还像过去一样，盛上一碗多放了肉沫的饺子，端到院子里，提着弟弟的乳名念念有词地说："宽儿啊，过年了，娘给你包的饺子，你在那边多吃几个吧！"

那些回不了家的孩子，终归会被所有人遗忘，只有母亲永远记得。

（口述人：孙文祥　记录者：孙波沙）

水门桥边

1950年12月6日清晨，我60师奉命南下水门桥附近，准备阻击北援的英美联军。

水门桥位于古土里和真兴里之间，敌人无论南下撤退还是北上增援，水门桥都是唯一的公路通道。此时，师里两个团已经失去了战斗力，主要战斗力集中在了180团。

我时任60师政治部主任，而我的弟弟徐文华就在180团的运输队。长津湖一战，180团也早已残缺不全，除了战斗伤亡，还有冻伤饿伤。在敌机的严密封锁下，后勤连土豆也运不上来。形势十分危急。

文华整整小我10岁，是我唯一的弟弟，这一年他才26岁。

弟弟是受我的影响，在抗战时也瞒着父母，悄悄参加了浙东游击队。新中国成立前，我所在的60师178团解放了家乡金坛县城，因为部队将随时继续南下，团长劝我赶紧回家看看。这是我参军后第一次回家，我带上警卫员匆匆赶回家里，没想到父母见我的第一句话就是：

“你弟弟呢？”

我告诉他们，弟弟在180团担任军需员。但他们不知道啥是军需员，只问我军需员打不打仗。为了叫他们放心，我说军需员主要在后方组织运输队运弹药和吃的，不直接打仗。父母还是担心，看我有警卫员保护，也让我给弟弟带话，子弹不长眼，要他保护好自己。

当天一大早，因部队要攻打溧阳，我只能匆匆告别父母，答应他们等新中国成立了，一定带弟弟回家。

一、兄弟齐上阵

上海解放后，因为敌特形势复杂，我和弟弟都没有时间回去。新中国成立半年后，母亲实在想儿子心切，就让父亲专程来找部队，我们哥俩与父亲照了平生第一张合影。

1950年9月中旬，部队离开上海北上山东邹县之前，我特地请假回了一次老家金坛，将照片送给了母亲。因为当时抗美援朝是属于高级军事机密，临别时我只告诉父母，我和弟弟又要去打仗了。父母还以为我和弟弟要去解放台湾，让我一定带着弟弟回趟家，说他年龄不小，也该成个家了。

其实，我自己都不知道能不能活着回来，因为与美军作战我心里也没底，对于朝鲜什么样更一无所知。我们20军原计划在沈阳为部队战士发放御寒棉衣，可半路上突然变成前卫，火车到沈阳站后没有停车，而是径直开到了鸭绿江边的辑安。

仓促出国的部队只顾执行命令，所以除了武器弹药和吃的，许多战士因害怕掉队，连堆在江边的棉大衣也没来得及拿，穿着江南的薄棉

烈士徐文华（左）和父亲、哥哥徐放合影

衣就出国了。当时，我们师领导都有一个想法，等部队到了朝鲜再补给也来得及，因为当时的天气还不算太冷，再者上级传令说，御寒的棉衣到了朝鲜后可以解决。可是部队进入朝鲜不久，美军飞机就封锁了运输线，不但得不到御寒的棉衣，连肚子也填不饱。

弟弟原在 180 团后勤股担任干事，因为后勤一直十分吃紧，战斗打响后便加入了一线运输分队。一夜激战后，长津湖南岸已经打成胶着状态，我也顾不得穿梭在炮火中的弟弟了。

当时下碣隅里的美军陆战 1 师只剩两个连的战斗力，师长史密斯电令古土里的联军，再次北上增援。这支增援的特遣队除近千名士兵、上百辆军车外，还有 29 辆 M26 坦克。如果让这支特遣队成功增援，下碣隅里严重伤亡的志愿军将雪上加霜。

此前，我 60 师的 178 团、179 团已经轮番打退了敌人的四次增援，得到消息后，我部的指战员已经枪在手、弹上膛了。

由于我们占据有利地形，居高临下，迫击炮、机枪、冲锋枪和手榴弹一起开火，特遣队用 6 个小时才越过我们的防御，还只前进了不到一半的路程。轰炸机、远程大炮和坦克是敌人的三大件，可我志愿军一样也没有。

我赶到 179 团的前线指挥所时，联军特遣队以强大的地面火力，掩护车队冲过了化被里山口。化被里山口以北是个更加狭窄的山谷，如果敌人天黑之前冲过去，那我们就会彻底失去阻拦他们的最佳机会。

我掌握了大体的战况后，告诉 179 团指战员，战斗他们自己指挥，该怎么打就怎么打，但有一条，决不能放过敌人。

此时的联军特遣队也摆出了决一死战的架势，17 辆坦克一齐凶猛地向四周的山头射击，步兵拼死向北突进，前面成片的战士被枪弹击倒，后面的再蜂拥补上。激烈的战斗中，我们打光了所有的迫击炮弹，敌人的坦克掩护先头部队冲出了峡谷地带。

二、地狱火之谷

防守在峡谷北出口的，是 179 团 1 营 1 连 3 排，包括副连长寿志高在内只剩下 27 人。寿志高是浙江诸暨草塔人，抗战期间失去了右眼，获过“华东一级人民英雄”称号。

见特遣队还有坦克留在后面，只身掩护仍在峡谷里的车队，寿志高当即命令火箭筒开火。可火箭手打完仅有的六枚火箭弹，坦克依旧纹丝不动，炮口朝南守着拼命北上的后续车队。寿志高朝火箭手吼道，继续打，愣什么，打它的链轨！

战士无能为力，火箭弹全都打完了。“这个乌龟王八壳子。”寿志高骂了一句，转身命令身边的3排长华永林，命他用炸药包干掉目标。

在机枪的掩护下，华永林带领2名战士冲了上去，可还没等靠近就接连倒在了坦克的机枪火力下。第二个爆破组虽然改变了战术从左右两侧朝坦克摸去，但也倒在了半路上。寿志高叫骂着又同时派出了两组战士从四面送炸药包。

这一次，坦克突然安静下来。等4名战士越过障碍物起身抱着炸药包从四面冲上去时，坦克突然来了个360度旋转，将毫无遮挡的战士连人和炸药一起击中，剧烈的爆炸声响彻山谷。寿志高在派人去营里调迫击炮的同时，又咬牙连续派出了第5组、第6组……直至到了第8组。27个人的生命，挨个进入倒计时。

此时，营里的迫击炮弹也已经打光，阵地只剩下最后三人，也是最后一组。后续的敌车队跟了上来，掩护的坦克开始移动，为队伍让路。敌人车队一旦越过峡谷的最窄处，再想阻击将困难重重。

寿志高挥手打出了2枚掩护手榴弹，另外两名战士迅速跑到了上一组牺牲的位置，可刚捡起炸药包还没跑出几步远，两人就先后倒在了机枪下。趁着爆炸的烟雾，双手各夹着一个炸药包的寿志高，急速仰卧在公路的弹坑里，两声巨响过后，这辆夺去了27名志愿军战士的坦克，终于起火瘫痪。

这些场景，都在指战员的望远镜中。

见燃烧的坦克堵住了峡谷公路，战士们冲下峡谷，拦腰死死截断了特遣队的车队。不等后续的敌人反应过来，信号烟弹腾空而起，1营全体出击，将后面还没有逃出峡谷地段的车队，分割成4段包围起来。

战斗到黄昏时分，这支被史密斯倾注了极大希望的美英联军，已经大难临头。特遣队不甘心束手就擒，人数最大的一支，指挥两辆卡车合力顶开了拦路的坦克，趁 179 团换防之际朝北发起了攻击。

眼看敌人跨过一座水泥桥就要冲出危险的峡谷，2 营副营长毛杏表立即下令炸掉水泥桥，将特遣队拦在桥南。敌人豁出去了，调来了一门 75 毫米无后坐力炮，一个速射就将两个班的战士击倒大半。

毛杏表带领留守的预备队冲上去支援，将攻击到桥头的美军又打了回去。看着桥南黑洞洞的大炮，毛杏表急忙提醒身边的战士注意隐蔽。刚说完，两发炮弹就落下来，毛杏表当场中弹牺牲，预备队战士也伤亡殆尽。

34 岁的毛杏表，是浙江奉化人，参加了新四军浙东游击纵队后，因荣立特等功，被授予华东一级人民英雄称号，并参加了新中国开国大典观礼，还成了全国著名的战斗英雄。

烈士毛杏表

才三个多小时的战斗，仅一级人民英雄就牺牲了两位，这令我十分震惊。那时我也根本来不及想弟弟怎么样了，眼前牺牲的都是和弟弟一样的年轻孩子。

我和团政委赶到阵地时，战士们已经将敌人又打回了桥南汽车防御圈。可一听说敌人一辆坦克就让我们牺牲了 27 人，团政委咽不下这口气，命令 2 营长和教导员把预备队都调上来，往死里狠狠地打。

面对铺天盖地的子弹和手榴弹，无力反击的敌人只有躲在汽车防御圈里，不敢抬头。见敌人已经无力突围，我才反应过来，不能再硬打死拼了，得打巧仗，减少战士们的伤亡。

我下令部队有次序地连打三发步枪子弹，尔后只吹军号、喇叭和哨子。连打三发步枪子弹，是告诉敌人，投降吧！此起彼伏的军号、喇叭和哨子，则是要刺激和扰乱敌人的神经。

这一招，果然比起真枪实弹更有效，尤其是在这四面被围的峡谷深夜，更让美军恐惧异常。有的敌兵精神恍惚起来，开始大声呼叫，有的甚至胡乱开枪射击，还有四名突然跳上一辆吉普车，企图突围逃跑。

朝南开出几十米，我志愿军战士一阵射击，司机和队员当场死去，一名军官腿部负伤，一个黑皮肤士兵的头部受伤。军官一头栽倒在车下，一旁受伤的士兵也乖乖举起了双手，战士冲过去将敌方士兵揪下了吉普车。

一名战士以为倒地的军官已经死去，顺手取下了对方身上的手表和钢笔。团参谋看到后，当场批评了他，说他是发洋财，违反纪律要受到处分。

战士不服气，认为美国佬军官已经被他打死了，缴获尸体上的战利品没什么不对，也没犯纪律。一听死的是名军官，团参谋便上前踢了两脚，没想到倒地的敌人一下子坐了起来，原来刚是在装死。

而且这军官竟用中国话问："你们是中国志愿军吧？"参谋吓了一跳，感觉到面前的人不是一般的美军军官，让战士背上对方，押着敌方士兵回到了不远处的团指。

仔细问过，才知道刚才这场骚乱是怎么回事。

我一审才知道，这个军官是英国人，叫查伊，是陆战1师后勤处的新闻官，参加过仁川登陆和攻占汉城，在报纸上发表过大量的战斗照片。他曾在中国大使馆从事新闻工作，不仅会讲汉语，也懂共产党军队的政策，知道共产党的军队不杀俘虏。他见志愿军确实没有伤害被俘的黑人士兵，才敢开口讲话。

搞清这些基本情况后，我用短语告诉查伊：现在优待你，请你回去叫他们放下武器。我们不杀他们，我们优待俘虏。查伊听懂了我的意思，但有些为难，说他有困难。我问他有什么困难，他说自己去喊他们投降，这违反了他们的军纪。

这时，查伊想起了托瓦。说士兵托瓦才是这次冒险逃跑的始作俑者，走前还跟其他人保证，要回古土里带一车弹药再回来。查伊说托瓦平常不怎么把军纪当回事，建议我派托瓦回到防御圈传话。

果然，托瓦同意了，传完话的托瓦带来两个谈判代表，是陆战1师联络官麦克劳林指定的。麦克劳林让他转告中国志愿军，说他们准备接受中国人的投降，会根据日内瓦条约的规定对待我们，给我们热饭吃。话中透着狂妄。

我知道这是美军在拖延时间，于是严肃地警告托瓦，回去告诉你们的长官，他必须立即投降，否则只有死路一条。

托瓦再次回到防御圈，麦克劳林交代他，美军将在次日清晨6：30以后投降，理由是需要时间来照顾伤员。我让翻译发出最后通告，必须在6点前投降，没有讨价还价的余地。

托瓦像走马灯一样，第三次回到了防御圈。我没想到，这一次，换成了麦克劳林亲自来与我谈判。他提出了六个条件：

一是保证每个人的生命安全；二是对伤员给予医治；三是除武器弹药和公文外，私人的财物、纪念品一概不能没收；四是生活待遇与中国军队一样；五是容许与家人通信；六是战争结束后遣返回国。

我用严厉的目光盯着麦克劳林，告诉他，中国人民志愿军说到做到，前提是他们必须放下武器，全部无条件投降！

麦克劳林故伎重施，开始不着边际地扯着话题，企图拖到天明后等飞机来救援。谈判必须速战速决，不能再这么拉锯下去，我限他十分钟之内必须投降！

麦克劳林再次带着托瓦回到防御圈，级别最高的陆战1师运输官西利上校报告说，如果他们放下武器，就可以把伤员送回古土里。当时，美军周围全是伤兵们的哀号声。西利考虑后，表示同意集体投降。

磨蹭了一会儿，麦克劳林终于掏出了自己的手枪，对走近的志愿军团参谋说，他并不是因为被击败了才投降，他投降是为了伤员们。投降的命令很快传遍了防御圈，虽有个别将士不服气，但最后，包围圈里380人的特遣队官兵，除少部分逃跑外，其他全部投降当了俘虏。

一个团让240名美英军人集体投降，这是长津湖战役唯一的一次。从此，这个峡谷在美军中有了一个名字，陆战1师叫它——地狱火之谷。

三、水门桥阻击

此战后，长津湖的美军很快开始突围，我师奉命南下水门桥附近，准备阻击北援的敌人。水门桥位于古土里和真兴里之间，敌人无论南下撤退还是北上增援，水门桥都是唯一的公路通道。

此时，我师的178团、179团已经失去了战斗力，主要战斗力则集中在了 180 团。180 团也早已残缺不全，除了战斗伤亡，还有冻伤饿伤。敌机的严密封锁下，后勤连土豆也运不上来。

等我们刚到达水门桥附近，下碣隅里的敌人就凭着十分强大的机动能力也撤进了古土里。形势十分危急，水门桥离古土里不过 4 英里，距离真兴里即将北上增援的敌人也仅有 7 英里。

180 团此时奉命紧急占领水门桥南侧的 1081 高地。如果说水门桥是联军南逃的命门，那么该高地则是他们逃命路上最后的咽喉要地。

这天晚上，黄草岭又下起了鹅毛大雪。冒雪行军的部队一直到 8 日黎明前，才终于进入目标阵地。这处高地北邻水门桥，公路在这里有一个横 U 字形的大拐弯，除了可以控制水门桥，又可以三面打击北援或南逃的敌人，是一个天然的阻击阵地。

我被派去负责 180 团的阻击任务，参谋长则留在了水门桥以北，组织另外两个团剩余的部队战斗。我赶到目标高地指挥所时，180 团已经做出了战斗部署：1 营防御 U 字形的底部，2 营和 3 营防御 U 字形的两侧，同时，除了团政委留守电话，团长、参谋长和政治处主任也去了一线部队。

烈士徐文华的哥哥徐放在长津湖

我问团政委，挡住敌人还有什么困难？政委表示没有任何困难，只有一点，战士们没有吃的。向团民运干事一问才知道，当地老百姓家里除了活命的口粮，只剩下耕牛了。

鹅毛大雪还在继续下，没有半点停歇的意思，10 米之外只能看见个人影，雪的平均厚度深及膝盖，有些地方能没过大腿根。后勤装备与敌人相差甚远的战士们，要爬上阵地都很困难，更何况大家出发前连饭都没来得及吃一口。

战斗到 8 日黄昏，我们虽保住了高地主峰，以及横 U 字形北侧的大部分阵地，但南侧阵地只剩下 18 人。

去找食物的团民运干事也回来了，却两手空空。他说，若不是碰上我弟弟徐文华所在运输队，他自己也恐怕回不来了。

这时，要不是民运干事提及运输分队，我都想不起自己的弟弟，因为水门桥附近的形势更加危急了。

仅 12 月 8 日这一天，白天敌人空前猛烈进攻，入夜，鹅毛大雪还是一刻不停。敌人的火力，更加表明了这处高地的重要性，它不仅可以阻击北援之敌，还可以近距离封锁水门桥，阻击敌人。

此时，我的心里十分矛盾，如果大雪一直不停，将加剧高地上战士的冻伤，如果雪停了，敌人就会恢复炮火支援，我们仅有的地形优势将不复存在。

12 月 9 日早晨，持续一夜的大雪停了下来。附近的敌人朝高地打光了仅有的炮弹后，又喊来 8 架战斗机反复轰炸和扫射，真兴里方向的远程榴弹炮也开始了炮击。

火力支援足足持续了两个小时，敌人才开始了三面的步兵攻击。然而出乎我们意料的是，高地上竟然没有还击一枪一弹，就连一声军号和哨音也没有吹响。

这么重要的高地竟然没人反击，就连进攻的敌人也十分诧异，犹豫了片刻，才立即集体投出手榴弹接着冲上了主峰。见本应守在主峰阵地上 180 团 1 营 2 连迟迟没有动静，高地北坡上的另外 2 个排开始猛烈地还击。已经打红了眼的战士们誓死抵抗，60 多名官兵全部战死在高地的北坡上。

因为失去了高地优势，当天下午，敌人在敌机掩护下占领了我 2 营防守的 U 形阵地，从而打通了与水门桥北侧的联系。

战斗到此时，敌人付出了 372 人的战斗伤亡，我 180 团也失去了成建制的攻击能力。双方零星的战斗仍没有停止。

这时，我越来越纳闷起来，因为自始至终没有听见 1081 高地主峰上的 1 营 2 连打响。同样百思不得其解的团长赵鸿济，立即带上警卫员去了一线，这才明白，为什么高地会被敌人如此轻易占领。因为我军守卫在主峰的部队就在他们眼前，只是一动不动地趴在战壕里，早已被冻死了。

赵鸿济只能连夜组织零散的部队继续战斗。我也交代警卫员赶紧回团指挥所，让团政委命令运输分队连夜运送弹药。12 月 10 日清晨，赵鸿济带领临时组织起来的 1 个排得到弹药补充后，又返回一线阵地开始了阻击。

而此时，美军早已经攻下了桥北的所有阵地，上万名美军和千余辆卡车冒着零星的枪声，源源不断地越过了第三次修好的水门桥向南逃窜。

四、将军不敢回家见爹娘

好巧不巧，运输分队也派人来给我送信，说我弟弟徐文华负伤后躺在了公路边。夜间运输任务完成后，弟弟和几名已经体力透支的战士，一下阵地便一头栽倒在路边一棵树下休息。

天亮后，一架贴着树梢的敌机发现目标后，立即扫射投弹，几名战士非死即伤，无一幸免。我跑出指挥所赶到那处路边时，见弟弟还活着才放下心来，受伤的他说自己没事，叫我别管他，赶紧回去指挥战斗。

可我刚回到一线指挥所还不到半个小时，就又一个消息传来，赵鸿济团长牺牲了。团政委也让人传来了指令，说兵团部命令 20 军全部撤出战斗。

年仅 32 岁的赵鸿济，是我们 20 军最年轻的一位团长。他的警卫员告诉我，团长原本负了轻伤，可还是不下阵地，就这样战斗到最后一刻。

夜里，我和警卫员带着缴获的几个罐头，去看望负伤的 180 团参谋长和我的弟弟。因为后勤保障十分困难，180 团只在阵地附近的山洞里开设了卫生队，所有伤员包括团参谋长都在这里接受治疗。

而等我赶到冰冷的防空洞时，团参谋长已经闭上了眼睛。我刚安排好将他的遗体送回国内等事宜，卫生队队长就找过来问我，是不是有个弟弟叫徐文华。

我说是的，问他人在哪个防空洞里，想去看看。可卫生队队长说，徐文华同志也已经牺牲了。

我先是一愣，很快冷静下来，请他带我去看看弟弟。蹲在弟弟遗体边，我默默地看了好久，才交代说："做好登记，和普通干部战士一样，就地掩埋吧。"

我心里也清楚，原本负伤不重的弟弟，如果能吃上个肉罐头，哪怕只多上一件棉衣与毛毯，或许就能挺过去。可我知道，当兵上战场，谁都可能会有这一天。何况 60 师的伤亡多达 3203 人，光冻伤就有 1663

人，我身为师政治部主任，却连一点补救的办法都没有。

当天夜里，我一夜未眠，我甚至担心自己若能活着回国，那时我该怎么去见父母啊！我担心部队将弟弟的烈士证书寄给父母刺激到他们，于是就让警卫员去团民运股要来了烈士证书，心想如果自己能活着回国的话，就亲自当面和父母讲。

我揣着弟弟的烈士证书，又经历了第五次战役后，于 1952 年 11 月回到了国内的浙江驻地。一直等到这年春节前，我才鼓起勇气回到家乡。我答应过母亲的，一定将弟弟从战场上带回家。

我让吉普车停在村外，等了好一会儿才敢走进家门。见我从战场回来，父亲高兴之余赶紧向我打听弟弟的下落。仔细打量着我的母亲也接着话追问，弟弟怎么不回来探家。我避开父母的眼光，拿出烈士证书，说出了那句一直讲不出口的话，弟弟牺牲了。

父亲的脸色瞬时变了，母亲也号啕大哭起来。我跪在父母的面前，愧意汹涌，我这个儿子，没有完成父母亲交代的任务啊。警卫员喊着“首长”将我扶起来，父亲更不解了，说我这么大个首长，怎么连自己的弟弟都护不住！

烈士徐文华的哥哥徐放授勋后戎装照

我只好说明了弟弟牺牲的详细情况，母亲听后哭得更厉害了：“你当哥哥的，又是首长，怎么还不能给弟弟一口吃的，一件棉衣啊！”

父母亲的话让我有口难言。作为

师政治部主任，60 师长津湖战役的伤亡我再清楚不过了，可除了上级不能向任何人透露，我只能规规矩矩听着他们的埋怨。

我也无法再去安慰母亲，因为我一开口，母亲就哭得更厉害了：“你倒是把弟弟找回来啊！”

当天我陪了他们一整夜，直到父亲不再言语，母亲流不出眼泪。拂晓时分，我留下了自己出国作战两年的全部津贴，一步三回头地离开了家门。

此后，我不敢轻易回家看望父母，他们一见到我就会想起我那为国捐躯的弟弟。

（口述人：徐放　记录者：孙波沙）